the
# Turkish
Travelmate

compiled by
**Lexus**
with
**Şavkar Altınel**

**LEXUS**

Published 2006 by Lexus Ltd
60 Brook Street, Glasgow G40 2AB
Maps drawn by András Bereznay
Typeset by Elfreda Crehan
Turkish editor: Fatma Stanners
Series editor: Peter Terrell

www.lexusforlanguages.co.uk

British Library Cataloguing in Publication Data
A catalogue record for this book is available from the
British Library.

ISBN-10  1-904737-09-9
ISBN-13  978-1-904737-09-4

Printed and bound in Italy by GRAPHICOM srl

## Your Travelmate

gives you one single easy-to-use A to Z list of words
and phrases to help you communicate in Turkish.
Built into this list are:

- travel tips (✈) with facts and figures which
  provide valuable information
- Turkish words you'll see on signs and notices
- typical replies to some of the things you might
  want to say
- language notes giving you basic information
  about speaking the language
- a menu reader on pages 85-89

There are maps of Turkey on pages 157-158.
Numbers and the Turkish alphabet are given on
pages 159-160.

## Speaking Turkish

Your Travelmate also tells you how to pronounce
Turkish. Just read the pronunciation guides given
in square brackets as though they were English
and you will communicate – although you might
not sound exactly like a native speaker.

If no pronunciation is given this is because the
Turkish word itself can be pronounced more or
less as though it were English and a pronunciation
guide would add nothing new.

### Stress

Letters in blue show which part of a word to
stress, or to give more weight to, when speaking
Turkish. Getting the stress right is particularly
important to make yourself understood.

Some special points about the pronunciation system used to represent Turkish:

| | |
|---|---|
| a | like the a in f**a**ther |
| ay | like the ay in p**ay** |
| eh | like the e sound in w**e**t |
| ew | like the sound in f**ew** (like French u or German ü) |
| g | like the g in **g**o |
| H | from the back of the throat, like the ch in the way Scots pronounce lo**ch** |
| ī | like the i in h**i** |
| J | like the s in lei**s**ure |
| ow | like the ow in c**ow** |

## Some notes on Turkish

### Turkish characters

| | |
|---|---|
| c | is pronounced j |
| ç | is pronounced ch |
| e | is pronounced as in b**e**d – so, for example, Turkish **yer** is not pronounced to rhyme with English **her** |
| ğ | has nothing to do with g; it serves to lengthen the preceding vowel |
| i | is like the i in Maria |
| ı | is like the u in h**u**t or the e in op**e**n |
| ö | is pronounced like the u in f**u**r |
| ş | is pronounced sh |
| u | is like the oo in b**oo**t |
| ü | is pronounced like the ew in f**ew** |

## Men and women speaking

Turkish does not have different forms for male or female speakers. So, for example, the phrase

> **is he in?** evde mi?

can easily be modified to

> **is she in?** evde mi?

without any change being necessary to the Turkish.

## Vowel harmony and endings

The Turkish equivalents to words like 'in', 'of', 'at', 'my', 'your' etc take the form of special word endings. So, for example, whereas English says:

> **to my hotel**

Turkish says:

> **hotel my to**
> **otel +im +e**
> **otelime**

Decisions as to which endings should be added to Turkish words are controlled by the principle of Vowel Harmony, an outline of which follows.

| *final vowel* | *ending must contain* |
|---------------|----------------------|
| **a** *or* **ı** | **a** *or* **ı** |
| **o** *or* **u** | **a** *or* **u** |
| **e** *or* **i** | **e** *or* **i** |
| **ö** *or* **ü** | **e** *or* **ü** |

Here are some examples:

> **corner** köşe; **room** oda
> **in** = -da, -de
>   **in the corner** köşede
>   **in the room** odada

**brother** erkek kardeş; **mother** anne; **name** ad

**my** = -im, -ım, -um, -üm
  **my brother** erkek kardeşim
  **my mother** annem
  **my name** adım

**England** İngiltere; **London** Londra
**from** = -dan, -den
  **from England** İngiltere'den
  **from London** Londra'dan

In this book, the label ⏢vh⏞ means that you should choose the vowel to go in the ending according to this principle of Vowel Harmony. Of course, if you get it wrong people will understand you anyhow.

# A [ah]

**a, an** bir
**about: is he about?** buralarda mı? [...muh]
   **about 15** 15 civarında [jeevaruhnda]
   **about 2 o'clock** saat 2 civarında [saht...]
**above** üstünde [ewstewndeh]
**abroad** yurt dışında [...duh-shuhnda]
**absolutely!** kesinlikle! [keseenleekleh]
**accelerator** gaz pedalı [...pedaluh]
**accept** kabul etmek
**accident** kaza
**accurate** doğru [doh-roo]
**açık** open
**acil çıkış** emergency exit
**açılış saatleri** opening times; collection times
**across** karşı [karshuh]
   **across the street** sokağın karşı tarafında [soka-
   uhn...tarafuhnda]
**adaptor** adaptör [-tur]
**address** adres
   **will you give me your address?** adresinizi
   alabilir miyim?
**adjust** ayarlamak
**admission** *(to building)* giriş [geereesh]
**advance: can we book in advance?** *önceden* yer
   ayırtabilir miyiz? [urnjeden...a-yuhrtabeeleer...]
**advert** reklam
**Aegean** Ege [egeh]
**afraid: I'm afraid so** korkarım öyle [korkaruhm
   urleh]
   **I'm afraid not** korkarım hayır [...ha-yuhr]
**after** sonra
   **after 2 o'clock** saat 2'den sonra

**after you** önce siz [urnjeh…]

**afternoon** öğleden sonra [urleden…]
  **in the afternoon** öğleden sonra
  **this afternoon** bugün öğleden sonra
  [boogewn…]

**aftershave** tıraş losyonu [tuhrash…]

**again** tekrar

**against** karşı [karshuh]

**age** yaş [yash]
  **under age** yaşı küçük [ya-shuh kewchewk]
  **it takes ages** uzun sürüyor […sewrewyor]

**ago: a week ago** bir hafta *önce* […urnjeh]
  **it wasn't long ago** çok olmadı [chok olmaduh]
  **how long ago was that?** bu ne zamandı? […neh
  zamanduh]

**agree: I agree** olur
  **it doesn't agree with me** *(of food)* bu bana
  dokunuyor

**aileye mahsus** only for family groups

**air** hava
  **by air** uçakla [oochakla]

**air-conditioning: with air-conditioning** klimalı
  [kleemaluh]

**air hostess** hostes

**airmail: by airmail** uçak ile [oochak eeleh]

**airport** havaalanı [hava-alanuh]

**airport bus** havaalanı otobüsü [hava-alanuh
otobewsew]

**aisle seat** koridor yanı […yanuh]

**alarm clock** çalar saat [chalar saht]

**alcohol** alkol
  **is it alcoholic?** alkollü mü? [-lew mew]

**alive: is he still alive?** hala *hayatta* mı? […ha-yatta
muh]

**all** hepsi

**all night/day** bütün gece/gün [bewtewn gejeh/gewn]

**all these people** bu insanların hepsi [...eensanlaruhn...]

**that's all** hepsi bu kadar

**that's all wrong** bu tamamen yanlış [...yanluhsh]

**thank you – not at all** teşekkür ederim – bir şey değil [teshekkewr...– shay deh-eel]

**all right** *(yes, agreeing)* peki

**it's all right** tamam

**I'm all right** *(nothing wrong)* ben iyiyim

**allergic: I'm allergic to penicillin** penisiline alerjim var [-neh a-lerJeem...]

**allowed: is it allowed?** serbest mi?

**that's not allowed** o yasak

**allow me** izin verin

**almost** neredeyse [neredayseh]

**alone** yalnız [yalnuhz]

**did you come here alone?** buraya yalnız mı geldiniz? [boora-ya...muh...]

**leave me alone** beni rahat bırak [...buhrak]

**already** şimdiden [sheemdeeden]

**also** de, da vh

**although** karşın [karshuhn]

**altogether: what does that make altogether?** *hepsi* ne kadar tutuyor? [...neh...]

**always** hep

**am**[1] *(24.00 to 04.00)* gece [gejeh]
*(04.00 to 12.00)* gündüz [gewndewz]

**am**[2] *go to* **be**

**ambulance** ambülans [ambewlans]

**get an ambulance!** bir ambülans çağırın [...cha-uhruhn]

✈ Dial 112.

**America** Amerika
**American** Amerikalı [-luh]
  *(adjective)* Amerikan
**among** arasında [arasuhnda]
**amp: a 13 amp fuse** 13 amperlik sigorta
**ana yol ilerde** main road ahead
**anchor** çapa [chapa]
**and** ve
  **and this?** ya bu?
**angry** kızgın [kuhzguhn]
**ankle** ayak bileği [a-yak beeleh-ee]
**anniversary: it's our anniversary** bugün
  evlilik yıldönümümüz [boogewn…yuhldur-
  newmewmewz]
**annoy: he's annoying me** beni rahatsız ediyor
  […rahatsuhz…]
  **it's very annoying** bu çok can sıkıcı […chok jan
  suhkuhjuh]
**anorak** anorak
**another: can we have another room?** bize
  *başka* bir oda verebilir misiniz? [beezeh
  bashka…]
  **another beer, please** bir bira daha, lütfen
  […lewtfen]
**answer: what was his answer?** ne *cevap* verdi?
  [neh jehvap…]
  **there was no answer** *(on the phone)* cevap yoktu
**antibiotics** antibiyotik
**antique** antika

✈ Explicit authorization is needed for the
  purchase and/or removal of Turkish antiquities
  and other cultural artefacts. A receipt and the
  official museum export certificate are needed
  to legally export an item. What looks like an

old lump of stone may make a customs officer suspicious.

**any: have you got any bananas/butter?** hiç muz/tereyağı var mı? [heech mooz/teraya-uh… muh]

**I haven't got any** hiç yok

**anybody** kimse [keemseh]

**we don't know anybody here** burada kimseyi tanımıyoruz […keemsayee tahnuh-muhyorooz]

**can anybody help?** kimse yardım edebilir mi? […yarduhm…]

**there wasn't anybody there** orada kimse yoktu

**anything** bir şey […shay]

**I don't want anything** hiç bir şey istemiyorum [heech beer shay…]

**apology: please accept my apologies** özür dilerim [urzewr…]

**appendicitis** apandisit

**appetite** iştah [eeshtah]

**I've lost my appetite** iştahım kaçtı [-uhm kachtuh]

**apple** elma

**apple pie** elma turtası […turtasuh]

**appointment: can I make an appointment?** randevu almak istiyorum

**apricot** kayısı [ka-yuhsuh]

**April** Nisan [neesahn]

**aqualung** dalgıç tüpü [dalguch tewpew]

**araba vapuru** car ferry

**archaeology** arkeoloji [-Jee]

**are** go to **be**

**area** (neighbourhood) semt
(space) alan

**area code** telefon kodu

**arkadan inilir** exit at the back

**arm** kol

**Armenia** Ermenistan

**around** *go to* **about**

**arrange: will you arrange it?** bunu siz ayarlar mısınız? [...a-yarlar muhsuhnuhz]

**arrest** *(verb)* tutuklamak

**arrival** varış [varuhsh]

**arrive** varmak

  **we only arrived yesterday** daha dün geldik [...dewn...]

**art** sanat

**art gallery** sanat galerisi

**arthritis** eklem iltihabı [-buh]

**artificial** yapma

**artist** sanatçı [-chuh]

**as: as quickly as you can** mümkün olduğu *kadar* çabuk [mewmkewn oldoo-oo...chabook]

  **as much as you can** mümkün olduğu kadar çok [...chok]

  **as you like** nasıl isterseniz [nasuhl...]

**asansör** lift

**ashore** karada

  **to go ashore** karaya çıkmak [karI-uh chuhkmak]

**ashtray** tabla

**ask** sormak

  **could you ask him to...?** ondan...-isini isteyebilir misiniz? [...eesteh-yebeeleer...]

  **that's not what I asked for** ben bunu istemedim

**asleep: he's still asleep** hala uyuyor

**asparagus** kuşkonmaz [kooshkonmaz]

**aspirin** aspirin

**assistant** yardımcı [yarduhmjuh]

  *(in shop)* satıcı [satuhjuh]

**asthma** astım [astuhm]
**at** -da, -de vh
  **at the café** kahvede [-deh]
  **at my hotel** otelimde [oteleemdeh]
  **at one o'clock** saat birde [saht beerdeh]
  **at Cristina's** Cristina'larda
**ATM** bankamatik
**attitude** tutum
**attractive: I think you're very attractive** sizi çok
  çekici buluyorum [...chok chehkeejee...]
**aubergine** patlıcan [patluhjan]
**August** Ağustos [a-oostos]
**aunt** *(maternal)* teyze [tayzeh]
  *(paternal)* hala
**Australia** Avustralya
**Australian** Avustralyalı [avoostralyaluh]
**Austria** Avusturya
**authorities** yetkililer
**automatic** *(car)* otomatik vites
**autumn: in the autumn** sonbaharda
**away: is it far away from here?** buradan uzakta
  mı? [...muh]
  **go away!** git!
**awful** berbat
**axle** aks
**azami hız, azami sürat** speed limit
**Azerbaijan** Azerbaycan [azerbI-jan]

# B [beh]

**baby** bebek
  **we'd like a baby-sitter** bize bir çocuk bakıcısı
  bulabilir misiniz? [beezeh beer chojook...
  bakuhjuhsuh...]
**back** *(of body)* sırt [suhrt]

**I've got a bad back** sırtım tutuldu [suhr-tuhm…]

**at the back** arkada

**I'll be right back** birazdan dönerim
[…durnereem]

**is he back?** döndü mü? [durndew mew]

**can I have my money back?** paramı geri alabilir
miyim? [-muh…]

**I go back tomorrow** yarın dönüyorum [yahruhn
dunewyoroom]

**when can I get it back?** ne zaman geri
alabilirim? […neh…]

**when do we get back?** ne zaman döneceğiz?
[…durnejeh-eez]

**backgammon** tavla

**backpacker** sırt çantalı turist [suhrt chantaluh…]

**bacon** beykın [baykuhn]

**bacon and eggs** beykın ve yumurta

**bad** kötü [kurtew]

**it's not bad** bu fena değil […deh-eel]

**too bad!** vah vah!

**bag** çanta [chanta]

*(suitcase)* bavul

*(handbag)* el çantası […chantasuh]

**bagaj alma yeri** baggage claim

**baggage** bagaj [bagaJ]

**baker's** fırın [fuhruhn]

**balcony** balkon

**a room with a balcony** balkonlu bir oda

**bald** kel

**balkon** circle *(cinema)*

**ball** top

**ball-point (pen)** tükenmez kalem [tewkenmez…]

**banana** muz

**band** *(musical)* orkestra

*(pop)* grup

**bandage** sargı [sarguh]
  **could you change the bandage?** sargıyı
  değiştirir misiniz? [-guhyuh deh-eesh-teereer...]
**bank** *(for money)* banka

> ✈ Open 8.30 to 5.00; most of them don't close
>   for lunch any more; cash machines will have
>   English-language options.

**bank holiday** *go to* **public holiday**
**banket** hard shoulder
**bar** bar
  **in the bar** barda

---

*YOU MAY HEAR*
sana ne ısmarlayabilirim? *what can I get you?*

---

> ✈ Have a good look before going in; a bar called
>   **birahane** will be a cheap, men-only place.

**barber's** berber
**bargain: it's a real bargain** gerçekten çok ucuz
  [gerchekten chok oojooz]

> ✈ Bargain only in the bazaars; start at about a
>   third of the asking price, but make an offer
>   only if you really intend to buy.

**barmaid** kadın barmen [kaduhn...]
**barman** barmen
**baseball cap** beyzbol şapkası [...shapkasuh]
**basınız** press
**basket** sepet
**bath** banyo
  **can I have a bath?** banyo yapabilir miyim?
  **could you give me a bath towel?** bana bir
  banyo havlusu verir misiniz?
  **bathroom** banyo

**we want a room with bathroom** banyolu bir
oda rica edebilir miyiz? [...reeja...]
**can I use your bathroom?** banyonuzu
kullanabilir miyim?
**batı** west
**battery** pil
*(for car)* akü [akew]
**bay** gents
**bayan** ladies
**bazaar** çarşı [charshuh]
**be**

> Turkish equivalents for the forms of the verb
> 'to be' are a set of endings added to a noun or
> adjective, following the rules of vowel harmony
> (page 5). Here are the endings with –i.
>
> | | |
> |---|---|
> | **I am...** | -im |
> | **you are...** | -siniz |
> | **you are...**(*familiar singular*) | -sin |
> | **he/she/it is...** | *no ending* |
> | **we are...** | -iz |
> | **they are...** | -ler |
>
> **we are English** biz İngiliziz
> **he's Scottish** İskoç
> **we are tired** biz yorgunuz
> **I am cold/hungry** üşüdüm/acıktım
> **I am a teacher** öğretmenim
> **she's a teacher** öğretmen
>
> **don't be...** ...olma
> *for negatives go to* **not**

**beach** plaj [plaJ]
  **on the beach** plajda [-da]
**beans** fasulye [fasoolyeh]

**beautiful** güzel [gewzel]
    **that was a beautiful meal** çok güzel bir yemekti [chok…]
**because** çünkü [chewnkew]
    **because of the weather** hava durumu *nedeniyle* […nedeneeleh]
**bed** yatak
    **a single bed** tek kişilik yatak […keesheeleek…]
    **a double bed** iki kişilik yatak
    **I'm off to bed** ben yatıyorum […yatuh-yoroom]
    **you haven't changed my bed** yatak çarşaflarımı değiştirmemişsiniz […charshaf-laruhmuh deh-eesh-teermemeesh-seeneez]
**bed and breakfast** pansiyon
**bedroom** yatak odası […odasuh]
**bee** arı [a-ruh]
**beef** sığır eti [suh-uhr…]
**beer** bira
    **two beers, please** iki bira, lütfen […lewtfen]

> ✈ Efes Pilsen® is the commonest brand; or try the state-made beer, Tekel Birası, in its old-fashioned bottle.

**before: before breakfast** kahvaltıdan önce [-tuhdan urnjeh]
    **before we leave** yola çıkmadan önce [yola chuhk-…]
    **I haven't been here before** buraya daha önce hiç gelmemiştim [boora-ya…heech gelmemeeshteem ]
**begin: when does it begin?** ne zaman başlıyor? [neh…bash-luh-yor]
**beginner** acemi [ahjemee]
**behind** arkada
    **the car behind** arkadaki araba

**bekleme salonu** waiting room
**believe: I don't believe you** size inanmıyorum
[seezeh eenanmuhyoroom]
**I believe you** size inanıyorum
**bell** *(in hotel, on door)* zil
**belly dancer** dansöz [dansurz]
**belong: that belongs to me** bana ait [...a-eet]
**who does this belong to?** bu kime ait?
[...keemeh...]
**below...** ...altında [altuhnda]
*(less than)* ...-den/-dan az |vh|
**belt** kemer
**bend** *(in road)* viraj [veeraJ]
**berries** böğürtlenler [bur-urtlenler]
**berth** *(on ship)* kuşet [kooshet]
**beside** yanında [yanuhnda]
**best** en iyi
**it's the best holiday I've ever had** bu
geçirdiğim en iyi tatil [...gecheer-dee-eem...]
**best-before date** son kullanma tarihi
**better** daha iyi
**haven't you got anything better?** daha iyi bir
şey yok mu? [...shay...]
**are you feeling better?** kendinizi daha iyi
hissediyor musunuz?
**I'm feeling a lot better** kendimi çok daha iyi
hissediyorum
**between** arasında [-suhnda]
**beyond** ötesinde [urteseendeh ]
**beyond the mountains** dağların ötesinde [da-
laruhn...]
**bicycle** bisiklet
**big** büyük [bewyewk]
**a big one** büyük bir tane [bewyewk...taneh]
**that's too big** o fazla büyük

**have you got a bigger one?** daha büyük bir
tane yok mu?
**bike** bisiklet
   *(motorbike)* motosiklet
**bikini** bikini
**bilet gişesi** ticket office
**bill** hesap [heh-sap]
   **could I have the bill, please?** hesap lütfen
   […lewtfen]
**bird** kuş [koosh]
**birinci sınıf** first class
**birthday** doğum günü [doh-oom gewnew]
   **happy birthday!** doğum gününüz kutlu olsun!
   […-newz…]
   **it's my birthday** bugün benim doğum günüm
   [boogewn…]
**biscuit** bisküvi [beeskewvee]
**bit: just a little bit for me** bana yalnızca biraz
   […yalnuhzja…]
   **just a little bit** yalnızca birazcık [yalnuhzca
   beerazjuhk]
   **that's a bit too expensive** bu biraz aşırı pahalı
   […ashuhruh pahaluh]
   **a bit of that cake** o pastadan birazcık
   **a big bit** büyük bir parça [bewyewk beer parcha]
**bitter** *(taste)* acı [ajuh]
**black** siyah
**blackout: he's had a blackout** bayıldı
   [ba-yuhlduh]
**Black Sea** Karadeniz
**blanket** battaniye [-aneeyeh]
**bleach** *(for cleaning)* çamaşır suyu [chama-shuhr…]
**bleed** kanamak
**bless you!** *(after sneeze)* çok yaşa! [chok yasha]
**blind** *(cannot see)* kör [kur]

**blister** su toplama
**blocked** tıkalı [tuhkaluh]
**blonde** sarışın [saruh-shuhn]
**blood** kan
　**his blood group is...** onun kan grubu...-dır
　[...-duhr]
　**I've got high blood pressure** yüksek
　tansiyonum var [yewksek...]
**bloody: that's bloody good!** korkunç güzel!
　[korkoonch gewzel]
　**bloody hell!** *(annoyed, surprised)* vay canına!
　[vI janunah ]
**blouse** bluz
**blue** mavi [mahvee]
**Blue Mosque** Sultan Ahmet Camii [...аНmet jamee-
　ee]
**board: full board** tam pansiyon
　**half board** yarım pansiyon [yaruhm...]
**boarding pass** biniş kartı [beeneesh kartuh]
**boat** gemi
　*(small)* tekne [tekneh]
　**when is the next boat to...?** ...'e ilk vapur ne
　zaman? [...eh...neh...]
**body** vücut [vewjoot]
　*(corpse)* ceset [jeset]
**boil: do we have to boil the water?** suyu
　kaynatmamız lazım mı? [...kI-natma-muhz lazuhm
　muh]
**boiled egg** haşlanmış yumurta [hashlanmuhsh...]
**bolt** *(noun)* cıvata [juhvatah]
**bone** kemik
　*(in fish)* kılçık [kuhlchuhk]
**bonnet** *(of car)* kaput
**book** kitap
　**can I book a seat for...?**...'e bir yer ayırtabilir

miyim? [...a-yuhrta-beel**ee**r...]
**I'd like to book a table for two** iki kişilik
bir mas**a** ayırmak istiyorum [...keesh**ee**leek...
ay**u**hrmak...]

> YOU MAY THEN HEAR
> ne zamana? *for what time?*
> ve adınız? *and your name is?*
> sigara içilen yerden mi? *in the smoking area?*

**booking office** bilet gişesi [...geeshes**ee**]
**bookshop** kitapçı [keetap-chuh]

> ✝ The Sahaflar Çarşısı, an open-air book market
> just behind the Grand Bazaar in Istanbul, is
> a good place to buy second-hand English
> books.

**boot** çizme [cheezm**eh**]
  *(of car)* bagaj [bag**a**J]
**booze: I had too much booze last night** dün
gece fazla içtim [dewn gej**eh**...eecht**ee**m]
**border** sınır [suhn**u**hr]
**bored: I'm bored** canım sıkılıyor [jahn**u**hm suh-
kuhluhy**or**]
**boring** sıkıcı [suhkuhj**uh**]
**born: I was born in...** ...-de/-da doğdum  vh
  [...-d**eh** doh-d**oo**m]
  *go to* **date**
**borrow: can I borrow...?** ...-i ödünç alabilir
miyim? [...urd**ew**nch...]
**Bosporus** İstanbul Boğazı [...bo-az**uh**]
**boss** patron
**both** ikisi de
  **I'll take both of them** ikisini de alacağım [...deh
alaj**a**-uhm]
**bottle** şişe [sheesh**eh**]

**bottle-opener** şişe açacağı [sheesheh achaja-uh]
**bottom** *(of person)* popo
**at the bottom of the hill** tepenin *eteğinde* [...eteh-eendeh]
**bouncer** fedai [feda-ee]
**bowl** *(for soup etc)* kase [kaseh]
**box** kutu
**boy** oğlan [o-lahn]
**boyfriend** erkek arkadaş [...ahrkadash]
**bozuk** out of order
**bra** sütyen [sewtyen]
**bracelet** bilezik
**brake** fren
**could you check the brakes?** frenleri kontrol edebilir misiniz?
**I had to brake suddenly** aniden fren yapmak zorunda kaldım [...kalduhm]
**brandy** konyak
**bread** ekmek
**could we have some bread and butter?** biraz ekmek ve tereyağı getirir misiniz? [...terehya-uh...]
**some more bread, please** biraz daha ekmek, lütfen [...lewtfen]

✈ Turkish bread is like a thicker and shorter version of a baguette. In the countryside most families still make their own bread, which is like a wide tortilla wrap. This may be the only type of bread available if you are somewhere remote.

**break** kırmak [kuhrmak]
**I think I've broken my arm** kolumu kırdım, sanıyorum [...kuhrduhm sanuhyoroom]
**you've broken it** onu bozmuşsunuz [...bozmooshsoonooz]

**break into: my room has been broken into**
odama hırsız girmiş [...huhr-suhz geermeesh]
**my car has been broken into** arabama hırsız
girmiş
**breakable** kırılabilir [kuhruhlabeeleer]
**breakdown: I've had a breakdown** arabam arıza
yaptı [...aruhza yaptuh]
**a nervous breakdown** sinir krizi

✈ There is no nationwide network. Instead every
make of car has its own national breakdown
service.

**breakfast** kahvaltı [-tuh]

✈ Turks have tomatoes, cucumbers, olives and
(feta) cheese for their breakfast together with
small glasses of tea. Also eggs, honey and
melon.

**breast** göğüs [gur-ews]
**breathe** nefes almak
**bridge** köprü [kurprew]
**briefcase** evrak çantası [...chantasuh]
**brighten up: do you think it'll brighten up
later?** acaba sonradan güneş açar mı? [ajaba...
gewnesh achar muh]
**brilliant** *(person, idea)* çok zeki [chok...]
*(swimmer etc)* parlak
**brilliant!** harika!
**bring** getirmek
**could you bring it to my hotel?** otelime
getirebilir misiniz? [oteleemeh...]
**Britain** Büyük Britanya [bewyewk...]
**British** İngiliz [eengeeleez]
**I'm British** İngilizim

There isn't a commonly used word for British. So you have to say 'English'. Of course, you can also specify 'Scots, Welsh or Irish'.

**brochure** broşür [broshewr]
**have you got any brochures about...?** ... hakkında broşür var mı? [hak-kuhnda...muh]
**broken** bozuk
**it's broken** bozulmuş [bozoolmoosh]
**brooch** broş [brosh]
**brother** erkek kardeş [...kardesh]
**my brother** erkek kardeşim
**brown** kahverengi [kaнverengee]
*(tanned)* bronz
**browse: can I just browse around?** biraz bakınmak istiyorum [...bakuhnmak...]
**bruise** çürük [chewrewk]
**brunette** *(noun)* esmer
**brush** fırça [fuhrcha]
**bucket** kova
**buffet** büfe [bewfeh]
**building** bina
**bulb** ampul [ampool]
**the bulb's gone** ampul yanmış [...yanmuhsh]
**Bulgaria** Bulgaristan
**bumbag** bel çantası [...chantasuh]
**bump: he's had a bump on the head** başını çarptı [bashuh-nuh charptuh]
**bumper** tampon
**bunch of flowers** çiçek buketi [cheechek...]
**bunk** ranza
**bunk beds** ranzalar
**buoy** şamandıra [shaman-duhrah]
**bureau de change** döviz bürosu [durveez bewrosoo]

**burglar** hırsız [huhr-suhz]
**burgle: our flat's been burgled** evimiz soyulmuş
[...soyoolmoosh]

> **they've taken all my money** bütün paramı
> çaldılar [bewtewn paramuh chalduhlar]

**burn: this meat is burnt** bu et yanmış
[...yahnmuhsh]
  **my arms are burnt** kollarım yandı [-ruhm
  yahnduh]
  **can you give me something for these burns?**
  bu yanıklar için bana bir şey verebilir misiniz?
  [...yahnuklar eecheen...shay...]
**bus** otobüs [otobews]
  **which bus is it for...?** -e giden otobüs hangisi?
  [-eh geeden...hangeesee]

> **could you tell me when we get there?**
> vardığımızda söyler misiniz? [varduh-uhmuhz-
> da suryler...]

✈ The intercity bus network is extensive, fast,
quite cheap and very comfortable. For local
bus travel buy your ticket from a ticket office
or a ticket seller near the bus stop. Only
privately run buses sell tickets on the bus.

**business: I'm here on business** iş için buradayım
[eesh eecheen boorada-yuhm]
  **none of your business!** sizi ilgilendirmez!
**business trip** iş seyahati [eesh seh-yahatee]
**bus station** otogar
**bus stop** otobüs durağı [otobews doora-uh]
**bust** göğüs [gur-ews]
**busy** (streets, bars etc) kalabalık [-uhk]
  (telephone) meşgul [meshgool]

**are you busy?** meşgul müsünüz?
[...mewsewnewz]
**but** ama
  **not... but...** ... değil... [deh-eel]
**butcher's** kasap
**butter** tereyağı [terehya-uh]
**button** düğme [dewmeh]
**buy: where can I buy...?** nereden... satın
  alabilirim? [...satuhn...]
  **I'll buy it** alıyorum [aluhyoroom]
**by: I'm here by myself** burada yalnızım
  [...yalnuhzuhm]
  **are you by yourself?** yalnız mısınız? [...muhsuh-
  nuhz]
  **can you do it by tomorrow?** yarına *kadar* hazır
  olabilir mi? [yaruhna...]
  **by train/car/plane** tren/otomobil/uçak ile
  [.../oochahk/...eeleh]
  **by the trees** ağaçların *yanında*
  [...yanuhnda]
  **who's it made by?** bunu kim yapmış?
  [...yapmuhsh]
  **a book by...** bir... kitabı [...keetabuh]
  **by Picasso** Picasso tarafından [...tarafuhndan]
**Byzantine** Bizans

# C [jeh]

**cabbage** lahana
**cabin** *(on ship)* kamara
**cable** *(electric)* kablo
**café** kahve [kaнveh]

> ✈ The traditional Turkish **kahve** is a male
>   domain; a **gazino** or **çay bahçesi** [chI

baнchehsee] is a tea-garden which will serve
both sexes and have beer as well as soft
drinks; a **kafe** also serves both sexes and has a
full range of alcoholic drinks, plus substantial
snacks or even full meals.

**cake** pasta
**calculator** hesap makinesi [heh-sap…]
**call: will you call the manager?** müdürü çağırır
mısınız? [mewdewrew cha-uh-ruhr muhsuhnuhz]
**what is this called?** buna ne denir? […neh…]
**I'll call back later** *(on phone)* sonra tekrar ararım
[…araruhm]
**call box** telefon kulübesi […koolewbesee]
**calm** sakin
**calm down!** sakin olun
**camcorder** video kamera
**camera** fotoğraf makinesi [fotoraf…]

✈ There are theoretically no restrictions on
photography, but use your own judgement
and particularly in more remote areas don't
photograph anything that looks military.

**camp: is there somewhere we can camp?**
buralarda kamp yapabileceğimiz bir yer var mı?
[…yapa-beelejeh-eemeez…muh]
**can we camp here?** burada kamp yapabilir
miyiz?
**a camping holiday** kamping tatili
**campsite** kamping alanı […alanuh]

✈ Most campsites are state-run, particularly
in the forests and national parks. Along the
coast you can find privately run sites, often
belonging to a hostel.

**can¹: a can of beer** bir kutu bira
**can²: can I have…?** bana… verebilir misiniz?
  **can you show me…?** bana… gösterebilir
  misiniz? […gurstereh-beeleer…]
  **I can't…** …-mem vh
  **I can't swim** yüzemem
  **he/she can't…** …-mez
  **we can't…** …-meyiz
**Canada** Kanada
**cancel: I want to cancel my booking**
  rezervasyonumu iptal etmek istiyorum
  **can we cancel dinner for tonight?** bu akşamki
  yemek rezervasyonumuzu iptal edebilir miyiz?
  […akshamkee…]
**candle** mum [moom]
**can-opener** konserve açacağı [konserveh achaja-uh]
**can yelekleri** life jackets
**capsize** alabora olmak
**car** otomobil, araba
  **by car** otomobil ile
**carafe** sürahi [sewrahee]
**caravan** karavan
**carburettor** karbüratör [-bewratur]
**card: business card** kartvizit
**cards** oyun kağıdı [o-yoon ka-uhduh]
**care: goodbye, take care** hoşça kalın, kendine iyi
  bak [hoshcha kaluhn kendeeneh…]
**careful: be careful** dikkatli olun
**car-ferry** araba vapuru
**car park** otopark
**carpet** halı [haluh]
**carrier bag** naylon torba
**carrot** havuç [havooch]
**carry** taşımak [tashuhmak]
**carving** oyma

**case** *(suitcase)* valiz
**cash** nakit para
  **I haven't any cash** yanımda nakit para yok [yanuhmda…]
  **I'll pay cash** nakit ödeyeceğim […urdeh-yejeh-eem]
**cash desk** kasa
**cash point** bankamatik
**casino** kumarhane [koomarhaneh]
**cassette** kaset
**cassette player** kaset çalar […chalar]
**castle** kale [kaleh]
**cat** kedi
**catch: where do we catch the bus?** otobüse nereden binebiliriz? [otobewseh nereden…]
  **he's caught a bug** bir mikrop kaptı […kaptuh]
**cathedral** katedral
**catholic** Katolik
**cave** mağara [ma-ara]
**CD** CD [see-dee]
**CD-player** CD-çalar [see-dee chalar]
**ceiling** tavan
**çekiniz** pull
**cellophane** jelatin [Jeh-lateen]
**centigrade** santigrat

✈ $C/5 \times 9 + 32 = F$

| centigrade | -5 | 0 | 10 | 15 | 21 | 30 | 36.9 |
|---|---|---|---|---|---|---|---|
| Fahrenheit | 23 | 32 | 50 | 59 | 70 | 86 | 98.4 |

**centimetre** santimetre [-metreh]

✈ 1 cm = 0.39 inches

**central** merkezi
  **with central heating** kaloriferli
**centre** merkez

**how do we get to the centre?** şehir merkezine nasıl gidilir? [sheh-eer merkezeeneh nasuhl…]

**certain** *(sure)* kesin

**certificate** belge [belgeh]

**çevre yolu** ring road

**chain** zincir [zeenjeer]

**chair** iskemle [eeskemleh]

   *(armchair)* koltuk

**chambermaid** oda hizmetçisi […heezmetcheesee]

**champagne** şampanya [shampanya]

**change** *(verb)* değiştir [deh-eeshteer]

   **could you change this into YTL?** bunu *bozup* bana Türk lirası verebilir misiniz? […tewrk leerasuh…]

   **I haven't any change** hiç bozuk param yok [heech…]

   **do you have change for a 100 lira note?** bana 100 lira bozabilir misiniz?

   **do we have to change (trains)?** *aktarma yapmamız* lazım mı? […yapmamuhz lazuhm muh]

   **I'd like to change my flight** uçağımı değiştirmek istiyorum [oocha-uhmuh…]

   **I'll just get changed** üstümü değiştirip geliyorum [ewstewmew deh-eeshteereep…]

✈ There are bureaux de change on every street corner and shopkeepers will accept foreign currencies too.

**charge: what will you charge?** ne *ücret* alacaksınız? [neh ewjret alajaksuhnuhz]

   **who's in charge?** buranın yöneticisi kim? [booranuhn yurneteejeesee…]

**chart** *(map)* şema [shema]

**cheap** ucuz [oojooz]

   **have you got something cheaper?** daha ucuz

bir şey var mı? […shay var muh]
**cheat: I've been cheated** aldatıldım
[aldatuhld**uh**m]
**check: will you check?** kontrol eder misiniz?
**I've checked** kontrol ettim
**we checked in** *(at hotel)* otele giriş yaptık [otel**eh**
geer**ee**sh yaptuhk]
**we checked out** *(from hotel)* otelden çıkış yaptık
[…chuhk**uh**sh…]
**check-in desk** check-in bankosu […bankos**oo**]
**check-in time** check-in saati […sahtee]
**cheek** *(of face)* yanak
**cheeky** küstah [kewstaн]
**cheerio** hoşçakal [hosh-chakal]
**cheers** *(toast)* şerefe [sherehfeh]
*(thanks)* sağol [sa-ol]
**cheese** peynir [payneer]
**cheeseburger** cheeseburger
**chef** aşçı [ashchuh]
**chemist's** eczane [ejzaneh]

> ✈ A wider selection of over-the-counter
> medicines than at home.

**cheque** çek [chek]
**cheque book** çek defteri [chek…]
**cheque card** çek kartı [chek kartuh]
**chest** göğüs [gur-ews]
**chewing gum** çiklet [cheeklet]
**chicken** tavuk
**chickenpox** suçiçeği [soochecheh-ee]
**child** çocuk [chojook]
**child minder** çocuk bakıcısı [chojook
bakuhjuhsuh]
**children** çocuklar [chojooklar]
**a children's portion** çocuk porsiyonu

➔ You could also ask for a **yarım porsiyon** (half portion).

**chin** çene [chehneh]
**china** porselen
**chips** patates kızartması [...kuhzartmasuh]
   *(in casino)* fiş [feesh]
**chocolate** çikolata [cheekolata]
   **hot chocolate** kakao
   **a box of chocolates** bir kutu çikolata
**chop: pork/lamb chop** domuz/kuzu pirzolası [...-uh]
**Christian name** ad
**Christmas** Noel
   **on Christmas Eve** Noel arefesinde
   [...arefeseendeh]
   **Happy Christmas** Mutlu Noeller

➔ Not a holiday in Turkey; there's a big midnight mass in churches, which is quite popular amongst the Muslim Turks as well.

**church** kilise [keeleeseh]
**cider** elma şarabı [...sharabuh]
**çift yataklı oda** twin room
**cigar** puro
**cigarette** sigara

➔ Turks will put their cigarettes on the table and anybody can take one without asking. If you are smoking you should offer your cigarettes around; don't worry if people help themselves without asking permission.

**çıkılmaz** no exit
**çıkış** exit
**çıkmaz** dead end
**cinema** sinema

**çimenlere basmayınız** keep off the grass
**circle** daire [da-eereh]
 *(in cinema)* balkon
**city** şehir [sheh-heer]
**city centre** şehir merkezi [sheh-heer…]
**claim** *(insurance)* talep
**clarify** açıklamak [achuhklamak]
**clean** *(adjective)* temiz
 **it's not clean** bu temiz değil […deh-eel]
 **my room hasn't been cleaned today** bugün
 odam temizlenmemiş [boogewn…temeez-
 lenmemeesh]
**cleansing cream** temizleyici krem
 [temeezlayeejee…]
**clear: I'm not clear about it** bunu tam anlamış
 değilim […anlamuhsh deh-eeleem]
**clever** akıllı [akuhlluh]
 *(skilful)* maharetli [maHaretlee]
**climate** iklim

> ✈ Western and southern Turkey have a
>   Mediterranean climate, but expect sub-
>   tropical summer temperatures in inland areas
>   in the southeast and very cold weather in
>   central and eastern Anatolia in winter.

**cloakroom** *(for clothes)* vestiyer
**clock** saat [saht]
**close**[1] yakın [yakuhn]
 *(weather)* basık [basuhk]
 **is it close to…?** -e yakın mı? [-eh yakuhn muh]
**close**[2]**: when do you close?** saat kaçta
 kapatıyorsunuz? [saht kachta kapatuh-yorsoonooz]
**closed** kapalı [kapaluh]
**cloth** bez
**clothes** elbiseler

**clothes peg** çamaşır mandalı [chamashuhr mandaluh]

**cloud** bulut

**clubbing: we're going clubbing** clubbing yapacağız [...yapaja-uhz]

**clutch** debriyaj [debreeyaJ]

   **the clutch is slipping** debriyaj kaçırıyor [...kachuh-ruhyor]

**coach** otobüs [otobews]

**coach party** otobüsle seyahat eden grup [otobews-leh seh-yahat ehden...]

**coach trip** otobüsle gezi [otobews-leh...]

**coast** sahil

   **at the coast** sahilde [saheeldeh]

**coastguard** sahil güvenlik [gewvenleek]

**coat** palto

**cockroach** hamam böceği [...burjeh-ee]

**coffee** kahve [kaнveh]

   **a white coffee** sütlü kahve [sewtlew...]

   **a black coffee** sütsüz kahve [sewtsewz...]

> ✈ If you simply ask for **kahve**, you'll get instant coffee or filtered coffee (commonly known as Nescafe). If you'd like a Turkish coffee, say:
>    **Türk kahvesi alabilir miyim?**
>    can I have a Turkish coffee?

---

*YOU MAY HEAR*
nasıl olsun? *how would you like it?*

**without sugar** sade [sa-deh]
**medium** orta
**sweet** şekerli [shekerlee]
**very sweet** çok şekerli [chok...]

---

**coin** madeni para

**coke®** Coca Cola
**cold** soğuk [soh-ook]
  **I'm cold** üşüyorum [ewshewyoroom]
  **I've got a cold** soğuk aldım [...alduhm]
**collapse: he's collapsed** yığılıverdi [yuh-uh-luhverdee]
**collar** yaka

| ✈ UK: | 14 | 14.5 | 15 | 15.5 | 16 | 16.5 | 17 |
|---|---|---|---|---|---|---|---|
| Turkey: | 36 | 37 | 38 | 39 | 41 | 42 | 43 |

**collect: I've come to collect...** ...-i almaya geldim
**colour** renk
  **have you any other colours?** başka renkleriniz var mı? [bashka...muh]
**comb** tarak
**come** gelmek
  **I come from London** ben Londralıyım [...londraluhyuhm]
  **when is he coming?** ne zaman geliyor? [neh...]
  **we came here yesterday** buraya dün geldik [boora-ya dewn...]
  **come here** buraya gelin
  **come with me** benimle gelin [beneemleh...]
  **come on!** hadi!
  **oh, come on!** *(disbelief)* hadi be! [...beh]
**comfortable** rahat
**company** *(business)* şirket [sheerket]
  **you're good company** sizinle beraber olmak hoş [seezeenleh...hosh]
**compartment** *(in train)* kompartıman [kompartuhman]
**compass** pusula
**compensation** tazminat
  **I want compensation** tazminat talep ediyorum
**complain** şikayet etmek [sheeka-yet...]

**I want to complain about my room** odamdan
şikayetçiyim [...sheeka-yet-cheeyeem]

**completely** tamamen

**complicated: it's very complicated** çok karmaşık
[chok karmashuhk]

**compliment: my compliments to the chef**
aşçının eline sağlık [ashchuhnuhn eleeneh sa-luhk]

**compulsory: is it compulsory?** zorunlu mu?

**computer** bilgisayar [beelgeesI-ar]

**concert** konser

**concussion** beyin sarsıntısı [beh-yeen sarsuhn-
tuhsuh]

**condition** durum

  (stipulation) şart [shart]

  **it's not in very good condition** pek iyi durumda
  değil [...deh-eel]

**condom** prezervatif

**conference** konferans

**confirm** teyit etmek [tayeet...]

**confuse: you're confusing me** kafamı
karıştırıyorsunuz [kafamuh karuhsh-tuhruhyor-
soonooz]

**congratulations!** tebrikler!

**conjunctivitis** konjonktivit

**conman** dolandırıcı [dolanduhruhjuh]

**connection** (travel) bağlantı [ba-lantuh]

**connoisseur** erbap

**conscious: he's conscious** ayık [ayuhk]

**constipation** kabızlık [kabuhzluhk]

**consul** konsolos

**consulate** konsolosluk

**contact: how can I contact...?** ... ile nasıl temas
kurabilirim? [eeleh nasuhl...]

**contact lenses** kontak lens

**convenient** uygun [oo-ee-goon]

**cook: it's not cooked** pişmemiş [peeshmemeesh]
  **you're a good cook** sen iyi bir aşçısın
  [...ash-chuhsuhn]
**cooker** ocak [ojak]
**cool** serin
  *(great)* mükemmel [mewkem-mel]
**çöp** litter
**copper** bakır [bakuhr]
**corkscrew** tirbuşon [teerbooshon]
**corner** köşe [kursheh]
  **can we have a corner table?** köşede bir masa
  rica edebilir miyiz? [-deh...reeja...]
  **on the corner** köşede
  **in the corner** köşede
**cornflakes** mısır gevreği [muhsuhr gevreh-ee]
**correct** doğru [doh-roo]
**cost: what does it cost?** fiyatı nedir? [fee-yatuh...]

> **that's too much** çok pahalı [chok pahaluh]
> **I'll take it** satın alıyorum [satuhn
>   aluhyoroom]

**cot** bebek karyolası [...karyolasuh]
**cotton** pamuk
**cotton wool** pamuk
**couchette** kuşet [kooshet]
**cough** *(noun)* öksürük [urksew-rewk]
**cough sweets** pastil [pahsteel]
**could: could you please...?** lütfen...-bilir misiniz?
  [lewtfen...]
  **could I have...?** ...alabilir miyim?
**country** ülke [ewlkeh]
  **in the country(side)** şehir dışında [sheh-eer
  duhshuhnda]
**couple: a couple of...** *(two)* bir çift... [...cheeft]
  *(a few)* bir iki tane... [...taneh]

**courier** kurye [kooryeh]
**course: of course** elbette [elbetteh]
**cousin** kuzen
**cover charge** giriş ücreti [geereesh ewjrehtee]
**cow** inek
**crab** yengeç [yen-gech]
**craftshop** elsanatları dükkanı [elsanatlaruh dewkkanuh]
**crap: this is crap** berbat bir şey [...shay]
**crash: there's been a crash** *kaza* olmuş [...olmoosh]
**crash helmet** kask
**crazy** deli
  **you're crazy** delisiniz
  **that's crazy** delilik bu
**cream** *(on milk)* kaymak [kImak]
  *(in cake)* krema
  *(for skin)* krem
**credit card** kredi kartı [...kartuh]

---

> *YOU MAY HEAR*
> imzanızı alabilir miyim, lütfen? *can I have a signature, please?*
> numarası nedir? *what's the number?*
> son kullanma tarihi? *what's the expiry date?*
> lütfen şifrenizi girin *can you please enter your PIN?*

---

**crisps** çips [cheeps]
**cross** *(verb)* geçmek [gech-mek]
**crossroads** kavşak [kavshak]
**crowded** kalabalık [kalabaluhk]
**cruise** *(on a boat)* deniz gezisi
**crutch** *(for invalid)* koltuk değnekleri [...dehnekleree]
**cry: don't cry** ağlamayın [a-lama-yuhn]

**cup** fincan [feenjan]
  **a cup of coffee** bir fincan kahve
  [...kaнveh]
**cupboard** dolap
**curry** kari
**curtains** perdeler
**cushion** yastık [yastuhk]
**Customs** gümrük [gewmrewk]

> ✈ Anything that might be an antique,
> including old carpets or a fragment of carved
> stonework etc that you may happen to come
> across, needs an export permit; without one
> you run the risk of being be fined or even
> imprisoned.

**cut** *(verb)* kesmek
  **I've cut myself** kendimi kestim
**cycle: can we cycle there?** oraya bisikletle
  gidebilir miyiz? [ora-ya beeseekletleh...]
**cyclist** bisikletli
**Cyprus** Kıbrıs [kuhbruhs]

# D [deh]

**dad** baba
  **my dad** babam
**damage: I'll pay for the damage** hasarı
  ödeyeceğim [hasaruh urdeh-yejeh-eem]
**damaged** hasar görmüş [...gurmewsh]
**damn!** Allah kahretsin!
**damp** nemli
**dance: would you like to dance?** dans etmek
  ister misiniz?
**dangerous** tehlikeli

**danışma** information

**Dardanelles** Çanakkale Boğazı [chanakkaleh bo-azuh]

**dark** karanlık [karanluhk]
  **dark blue** koyu mavi [ko-yoo]

**darling** sevgili

**date: what's the date?** bugün ayın kaçı?
  [boogewn a-yuhn kachuh]
  **can we make a date?** *(romantic)* birlikte bir yere gidebilir miyiz? [beerleekteh beer yereh...]

---

**in 1982** bin dokuz yüz seksen ikide
  [...dokoozyewz...eekeedeh]
**in 2006** iki bin altıda [...altuhda]

---

Use ordinary numbers for dates (as on page 159).
**the first of March** bir Mart
**on the fifth of May** beş Mayısta

---

**dates** *(fruit)* hurma
**daughter** kız [kuhz]
**day** gün [gewn]
  **the day after** ertesi gün
  **the day before** bir gün önce [...urnjeh]
  **have a nice day!** güzel günler dilerim!
  [gewzel...]
**dead** ölü [urlew]
**deaf** sağır [sa-uhr]
**deal: it's a deal** tamam, anlaştık [...anlashtuhk]
  **will you deal with it?** siz bununla ilgilenebilir misiniz?
**dear** *(expensive)* pahalı [pahaluh]
  **Dear Mr/Mrs...** Sayın Bay/Bayan... [sa-yuhn bI/bI-an]
  **Dear Hasan** Sevgili Hasan
**December** Aralık [araluhk]

**deck** *(of ship)* güverte [gewverteh]

**deckchair** şezlong [shezlong]

**declare: I have nothing to declare** deklare edecek bir şeyim yok [deklareh edejek beer shayeem…]

**deep** derin

**delay: the flight was delayed** uçak rötar yaptı [oochak rurtar yaptuh]

**deliberately** kasten

**delicate** *(person)* narin

**delicious** nefis

**de luxe** lüks [lewks]

**demiryolu geçidi** level crossing

**dent** çukur [chookoor]

**dentist** dişçi [deesh-chee]

> YOU MAY HEAR
> iyice açın *open wide*
> çalkalayın *rinse out*
> sorun hangi dişte? *which tooth is the problem?*

**dentures** takma diş […deesh]

**deny: I deny it** inkar ediyorum

**deodorant** deodoran

**departure** kalkış [kalkuhsh]

**departure lounge** giden yolcular salonu […yoljoolar…]

**depend: it depends** bağlı [ba-luh]

**it depends on…** …-a bağlı

**deposit** *(downpayment)* depozito

**depressed** kederli

**desperate: I'm desperate for a drink** içecek bir şey için ölüyorum [eechejek beer shay eecheen urlewyoroom]

**dessert** tatlı [tatluh]

➤ Turks are partial to desserts and have establishments which serve nothing else; if you have a sweet tooth make sure you visit both a **baklavacı** – specializing in oriental pastries – and a **muhallebici**, where an entire range of delicious milk puddings can be found.

**destination** gidilecek yer [geedeelejek...]
**detergent** deterjan [deterJan]
**detour** yan yol
**devamlı virajlar** series of bends
**develop: could you develop these?** bu filmleri *banyo* edebilir misiniz?
**diabetic** şeker hastası [sheker hastasuh]
**diamond** elmas
**diarrhoea** ishal [ees-hal]
   **have you got something for diarrhoea?** ishale karşı bir ilaç var mı? [-eh karshuh beer eelach var muh]
**diary** günce [gewnjeh]
**dictionary** sözlük [surzlewk]
**didn't** *go to* not
**die** ölmek [urlmek]
**diesel** *(fuel)* mazot
**diet** rejim [reJeem]
   **I'm on a diet** rejimdeyim [–dayeem]
**different** başka [bashka]
   **they're different** başkalar [bashkalar]
   **can I have a different room?** başka bir oda rica edebilir miyim? [bashka...reeja...]
**difficult** zor
**dikkat** caution
**dinghy** *(sailing)* sandal
   *(rubber)* şişme bot [sheeshmeh...]

**dining room** yemek salonu

**dinner** *(evening)* akşam yemeği [aksham yemeh-ee]

**dinner jacket** smokin

**direct** direkt

  **does it go direct?** direkt sefer mi?

**dirty** kirli

**disabled** özürlü [urzewrlew]

**disappear** kaybolmak [kI-bolmak]

  **it's just disappeared** ortadan kayboldu
  [...kI-boldoo]

**disappointing** hayal kırıcı [hI-al kuhruhjuh]

**dışarı sarkmayınız** do not lean out

**disco** disko

**discount** indirim

**disgusting** iğrenç [eerench]

**dish** *(food)* yemek
  *(plate)* tabak

**dishonest** dürüst olmayan [dewrewst olmI-an]

**disinfectant** dezenfektan

**disposable camera** tek kullanımlık fotoğraf
  makinesi [...kullanuhmluhk fotoraf...]

**distance** uzaklık [oozakluhk]

  **in the distance** uzakta

**distress signal** imdat işareti [...eesharetee]

**disturb: the noise is disturbing us** gürültü bizi
  rahatsız ediyor [gewrewltew...rahatsuhz...]

**diving board** tramplen

**divorced** boşanmış [boshanmuhsh]

**do** yapmak

  **what are you doing tonight?** bu akşam ne
  yapıyorsunuz? [...aksham neh yapuhyorsoonooz]

  **how do you do it?** onu nasıl yapıyorsunuz?
  [...nasuhl...]

  **will you do it for me?** benim için bunu yapabilir
  misiniz? [...eecheen...]

**I've never done it before** bunu daha önce hiç
yapmadım […urnjeh heech yapmaduhm]
**he did it** *(it was him)* o yaptı […yaptuh]
**I was doing 60 (kph)** saatte 60 yapıyordum
[sahtteh altmuhsh yapuhyordum]
**how do you do?** nasılsınız? [nasuhl-suhnuhz]
**doctor** doktor
  **I need a doctor** bana bir doktor lazım […lazuhm]

> ✈ Make sure that you have medical insurance
> before leaving.

> *YOU MAY HEAR*
> bu daha öncede olmuş muydu? *have you had
>   this before?*
> neresi acıyor? *where does it hurt?*
> herhangi bir ilaç kullanıyor musunuz? *are you
>   taking any medication?*
> bir tane alın *take one*
> iki tane alın *take two*
> her üç saatte bir *every three hours*
> günde bir defa *once a day*
> günde iki defa *twice a day*

**document** belge [belgeh]
**dog** köpek [kurpek]

> ✈ There is rabies in Turkey, so stay away from
> stray dogs.

**doğu** east
**doğum tarihi** date of birth
**dolmuş** shared taxi
**dolu** full
**döner kavşak** roundabout
**don't!** yapma!
  *go to* **not**

**door** kapı [kapuh]
**dosage** doz
**double room** iki kişilik oda [...keesheeleek...]
**double whisky** duble viski [doobleh...]
**döviz alış satış** exchange
**döviz kuru** exchange rate
**down: down there** aşağıda [asha-uhda]
  **get down!** yat aşağı! [...asha-uh]
  **it's just down the road** bu yolun aşağısında
  [...asha-uhsuhnda]
**downmarket** *(restaurant etc)* basit
**downstairs** alt kat
**drain** lağım [la-uhm]
**drawing pin** raptiye [rapteeyeh]
**dress** *(woman's)* elbise [elbiseh]

| ✈ Turkey: | 36 | 38 | 40 | 42 | 44 | 46 | 48 |
|---|---|---|---|---|---|---|---|
| UK: | 8 | 10 | 12 | 14 | 16 | 18 | 20 |

**dressing** *(for cut)* pansuman
  *(for salad)* sos
**drink** *(verb)* içmek [eechmek]
  *(alcoholic)* içki [eechkee]
  **something to drink** içecek bir şey [eechejek beer
  shay]
  **would you like a drink?** bir içki alır mısınız?
  [...aluhr muhsuhnuhz]
  **I don't drink** içmiyorum [eechmeeyoroom]
**drinkable: is the water drinkable?** bu su içilebilir
mi? [...eecheelebeeleer...]

> ✈ Most Turks drink bottled water; tap water is
>    chlorinated but drinkable.

**drive** sürmek [sewrmek]
  **I've been driving all day** bütün gün araba
  sürdüm [bewtewn gewn araba sewrdewm]

**driver** şoför [shofur]
**driving licence** şoför ehliyeti [...ehleeyetee]
**drown: he's drowning** boğuluyor [bo-oolooyor]
**drug** hap [hahp]
  *(narcotic etc)* uyuşturucu [ooyoosh-tooroojoo]
**drug dealer** uyuşturucu satıcısı [ooyoosh-tooroojoo satuhjuhsuh]
**drunk** sarhoş [sarhosh]
**dry** kuru
  *(wine)* sek
**dry-cleaner's** kuru temizleyici [...temeezlayeejee]
**due: when's the bus due?** otobüs kaçta?
  [otobews kachta]
**dur** stop
**during** ...sırasında [suhra-suhnda]
**duş** shower
**dust** toz
**duty-free shop** duty-free
**DVD** DVD [deeveedee]

# E [eh]

**each: can we have one each?** her birimize tane
  verebilir misiniz? [...beereemeezeh taneh...]
  **how much are they each?** tanesi kaça? [taneh-see kacha]
**ear** kulak
  **I've got earache** kulağım ağrıyor [koola-uhm a-ruhyor]
**early** erken
  **we want to leave a day earlier** bir gün erken
  gitmek istiyoruz [...gewn...]
**earring** küpe [kewpeh]
**east** doğu [doh-oo]
**Easter** Paskalya

**easy** kolay [kohlI]
**eat** yemek
  **something to eat** yiyecek bir şey [yee-yejek beer
  shay]
**egg** yumurta
**either: either… or…** ya… ya…
  **I don't like either** ikisinden de hoşlanmıyorum
  […deh hoshlanmuhyoroom]
**elastic** lastik
**elastic band** paket lastiği […lastee-ee]
**el bagajı** hand baggage
**elbow** dirsek
**electric** elektrikli
**electric fire** elektrik sobası […sobasuh]
**electrician** elektrikçi [elektreekchee]
**electricity** elektrik

> ✈ 220v in all parts of Turkey (as in the UK); you'll
> need a two-pin plug adaptor.

**elegant** zarif
**else: something else** başka bir şey [bashka beer
  shay]
  **somewhere else** başka bir yer
  **let's go somewhere else** başka bir yere gidelim
  […yereh…]
  **who else?** başka kim?
  **or else** ya dediğimi yaparsın, ya da… […dedee-
  eemee yaparsuhn…]
**email** e-mail
  **why don't you email me?** bana e-mail
  göndersenize! […gurn-der-seneezeh]
**email address** e-mail adresi
  **what's your email address?** e-mail adresiniz ne?
  […neh]
  **my email address is… at… dot…** e-mail

adresim… at…nokta…

**emanet** left luggage

**embarrassed** utanmış [ootanmuhsh]

　**I'm embarrassed** utandım [ootanduhm]

**embarrassing** utandırıcı [ootanduh-ruhjuh]

**embassy** elçilik [elcheeleek]

**emergency** acil durum [ajeel…]

> ✈ fire brigade 110; ambulance 112; police 155;
> gendarmerie (for rural areas) 156; coast guard
> 158

**empty** boş [bosh]

**end** son

　**when does it end?** ne zaman bitiyor? [neh…]

**engaged** (telephone) meşgul [meshgool]

　(person) nişanlı [neeshanluh]

**engagement ring** nişan yüzüğü [neeshan yewzew-
　ew]

**engine** (of car, plane) motor

**engine trouble** motor arızası […aruhzasuh]

**England** İngiltere [eengeeltehreh]

**English** İngiliz [eengeeleez]

　(language) İngilizce [eengeeleezjeh]

　**the English** İngiliz

**Englishman** İngiliz [eengeeleez]

**Englishwoman** İngiliz [eengeeleez]

**enjoy: I enjoyed it very much** çok hoşuma gitti
　[chok hoshooma…]

　**enjoy yourself** keyfine bak [kayfeeneh…]

　**I enjoyed the meal** yemeği sevdim [yemeh-ee…]

**enlargement** (photo) büyültme [bew-yewlt-meh]

**enormous** dev gibi

**enough** yeterli

　**that's not big enough** bu *yeterince* büyük değil
　[…yetereenjeh bewyewk deh-eel]

**I don't have enough money** yeterli param yok
**thank you, that's enough** teşekkür ederim,
yeterli [teshek-kewr…]
**ensuite: is it ensuite?** banyolu mu?
**entertainment** eğlence [aylenjeh]
**entrance** giriş [geereesh]
**envelope** zarf
**error** hata
**escalator** yürüyen merdiven [yewrewyen…]
**especially** özellikle [urzel-leekleh]
**essential** şart [shart]
**e-ticket** e-bilet [ehbeelet]
**euro** avro
**Europe** Avrupa
**even: even the British** İngilizler bile [eengeeleezler
beeleh]
**evening** akşam [aksham]
  **in the evening** akşama [akshama]
  **this evening** bu akşam [boo…]
  **good evening** iyi akşamlar
**evening dress** *(for man)* smokin
  *(for woman)* gece elbisesi [gejeh…]
**ever: have you ever been to…?** hiç…-e gittiniz
mi? [heech…-eh…]
**every** her [hehr]
  **every day** her gün […gewn]
**everyone** herkes
  **is everyone ready?** herkes hazır mı? […hahzuhr
muh]
**everything** her şey [hehr shay]
**everywhere** her yer [hehr…]
**exact** tam
**example** örnek [urnek]
  **for example** örneğin [urneh-een]
**excellent** mükemmel [mewkem-mel]

**except: except me** ben *hariç* [...hareech]
**excess baggage** fazla bagaj [...bagaJ]
**exchange rate** döviz kuru [durveez...]
**excursion** gezi
**excuse me** *(to get past etc)* pardon
  *(to get attention)* affedersiniz
  *(apology)* özür dilerim [urzewr...]
**exhaust** *(on car)* egzoz
**exhausted** bitkin
**exhibition** sergi
**exit** çıkış [chuh-kuhsh]
**expect: she's expecting** bebek bekliyor
**expenses: it's on expenses** masrafları şirket
  ödüyor [masralaruh sheerket urdewyor]
**expensive** pahalı [pahaluh]
  **that's too expensive** çok pahalı [chok...]
**expert** uzman
**explain** açıklamak [achuhk-lamak]
  **would you explain that slowly?** bunu ağır ağır
  açıklar mısınız? [...a-uhr...achuhklar muhsuhnuhz]
**export permit** ihraç izni [eerach...]
**express (mail)** ekspres
**extension cable** uzatma kablosu
**extra: an extra day** fazladan bir gün [...gewn]
  **is that extra?** bunun için fazladan para vermek
  lazım mı? [...eecheen...lazuhm muh]
**extremely** son derece [...derejeh]
**eye** göz [gurz]
  **eyes** gözler [gurzler]
**eyebrow** kaş [kash]
**eyebrow pencil** kaş kalemi [kash...]
**eyeliner** göz kalemi [gurz...]
**eye shadow** far
**eye witness** görgü tanığı [gurgew tanuh-uh]

# F [feh]

**face** yüz [yewz]
**face mask** *(for diving)* dalış gözlüğü [daluhsh gurzlew-ew]
**fact** gerçek [gerchek]
**factory** fabrika
**Fahrenheit** Fahrenheit

> ✈ F - 32 x 5/9 = C
>
> | Fahrenheit | 23 | 32 | 50 | 59 | 70 | 86 | 98.4 |
> |---|---|---|---|---|---|---|---|
> | centigrade | -5 | 0 | 10 | 15 | 21 | 30 | 36.9 |

**faint: she's fainted** bayıldı [bayuhlduh]
**fair** *(fun-)* panayır [-yuhr]
  *(commercial)* sergi
  **that's not fair** bu haksızlık [...haksuhzluhk]
**fake** *(noun)* taklit
**fall: he's fallen** düştü [dewshtew]
**false** sahte [sahteh]
**false teeth** takma diş [...deesh]
**family** aile [a-eeleh]
**fan** *(cooling)* vantilatör [-tur]
  *(hand-held)* yelpaze [-zeh]
  *(supporter)* fanatik
**fan belt** vantilatör kayışı [...-tur ka-yuhshuh]
**far** uzak
  **is it far?** uzak mı? [...muh]
  **how far is it?** ne kadar uzak? [neh...]
**fare** *(travel)* bilet parası [...parasuh]
**farm** çiftlik [cheeftleek]
**farther** daha ötede [...urtedeh]
**fashion** moda
**fast** *(adjective)* hızlı [huhzluh]
  **don't speak so fast** bu kadar hızlı konuşmayın

[…konooshmI-uhn]

**fat** *(adjective)* şişman [sheeshman]

**father** baba

**my father** babam

**fathom** kulaç [koolach]

**fault** *(defect)* hata

*(in engine)* arıza [aruhza]

**it's not my fault** hata bende değil […bendeh deh-eel]

**faulty** arızalı [aruhzaluh]

**favourite** gözde [gurzdeh]

**fax** faks

**can you fax this for me?** bunu benim için fakslayabilir misiniz? […eecheen faksla-yabeeleer…]

**February** Şubat [shoobat]

**fed-up: I'm fed-up** bıktım [buhktuhm]

**feel: I feel like…***(I want)* … istiyorum

**felt-tip** keçeli kalem [kechehlee…]

**ferry** feribot

**fetch: will you come and fetch me?** gelip beni alır mısınız? […aluhr muhsuhnuhz]

**fever** ateş [atesh]

**few: only a few** yalnız birkaç tane [yalnuhz beerkach taneh]

**a few days** birkaç gün […gewn]

**fez** fes

**fiancé** nişanlı [neeshanluh]

**fiancée** nişanlı [neeshanluh]

**fiddle: it's a fiddle** bu bir dolap

**field** tarla

*(grassy)* çimenlik [cheemenleek]

**fifty-fifty** yarı yarıya [yaruh yaruhya]

**figs** incir [eenjeer]

**figure** *(number)* sayı [sa-yuh]

*(of person)* vücut [vew-joot]
**fill: fill her up** depoyu doldurun [depo-yoo…]
   **to fill in a form** bir form doldurmak
**fillet** fileto
**filling** *(in tooth)* dolgu
**film** film
   **do you have this type of film?** bu tip film var
   mı? [...muh]
**filter** filtre [feeleetreh]
**find** bulmak
   **if you find it** eğer bulursanız [eh-er
   booloorsanuhz]
   **I've found a...** bir... buldum
**fine** *(weather)* güzel [gewzel]
   **fine!** iyi!
   **OK, that's fine** tamam, bu olur
   **a 50 lira fine** 50 liralık ceza [...leeraluhk jezah]
**finger** parmak
**fingernail** tırnak [tuhrnak]
**finish: I haven't finished** bitirmedim
   **when does it finish?** ne zaman bitiyor? [neh...]
**fire** ateş [atesh]
   *(house on fire etc)* yangın [yanguhn]
   *(heater)* soba
   **fire!** yangın var!
   **can we light a fire here?** burada ateş yakabilir
   miyiz? [...atesh...]
   **it's not firing** *(car)* kontak yapmıyor
   [...yapmuhyor]
**fire brigade** itfaiye [eetfa-eeyeh]

   ✈ Dial 110.

**fire extinguisher** yangın söndürme cihazı
   [yanguhn surndewrmeh jeehazuh]
**first** ilk

*(in numbering)* birinci [beereenjee]

**I was first** ilk ben geldim

**first aid** ilk yardım [...yarduhm]

**first aid kit** ilk yardım çantası [...yarduhm chantasuh]

**first class** *(travel)* birinci sınıf [beereenjee suhnuhf]

**first name** ad

**fish** balık [baluhk]

**fishing** balıkçılık [balukchuhluhk]

**fishing rod** olta kamışı [...kamuhshuh]

**fit** *(healthy)* zinde [zeendeh]

*(physically)* formunda

**it doesn't fit me** bana uymuyor

**fix: can you fix it?** *(repair)* tamir edebilir misiniz?

**fizzy** gazlı [gazluh]

**flag** bayrak [bɪ-rak]

*(national, ship's)* bandıra [banduhra]

**flash** *(photography)* flaş [flash]

**flat** *(adjective)* düz [dewz]

*(apartment)* daire [dɪ-reh]

**I've got a flat (tyre)** lastiğim patladı [lastee-eem patladuh]

**flavour** tat [taht]

**flea** pire [peereh]

**flies** *(on trousers)* fermuar yeri

**flight** uçuş [oochoosh]

**flight number** sefer sayısı [...sa-yuhsuh]

**flippers** paletler

**flirt** *(verb)* flört etmek [flurt...]

**floor** yer

**on the second floor** ikinci *katta* [eekeenjee...]

**flower** çiçek [cheechek]

**flu** grip

**fly** *(insect)* sinek

*(go by plane)* uçuş yapmak [oochoosh...]

**foggy** sisli

**follow** takip etmek
**food** yiyecek [yeeyejek]
**food poisoning** gıda zehirlenmesi [guhda…]
**fool** budala
**foot** ayak

> ✈ 1 foot = 30.5 cm = 0.3 metres

**football** futbol
  *(ball)* futbol topu
**for** için [eecheen]
  **that's for me** o benim için
**forbidden** yasak
**foreign** yabancı [yaban-juh]
**foreign currency** döviz [durveez]
**foreigner** yabancı [yaban-juh]
**forest** orman
**forget** unut [oonoot]
  **I forget** unuttum [oonoot-toom]
  **I've forgotten…** …unutmuşum
  [oonootmooshoom]
  **don't forget** unutmayın [oonootma-yuhn]
**fork** *(to eat with)* çatal [chatal]
**form** *(document)* form
**formal** resmi
**fortnight** iki hafta
**forward** *(move etc)* ileriye doğru [eelereeyeh doh-roo]
  **could you forward my mail?** bana gelecek
  mektupları ardımdan gönderir misiniz? […gelejek
  mektooplaruh arduhmdan gurndereer…]
**forwarding address** gönderilecek adres
  [gurndereelejek…]
**foundation cream** krem fondöten […fondurten]
**fountain** çeşme [cheshmeh]
**four-wheel drive** dört çekerli [durt chekerlee]

**fracture** kırık [kuhruhk]
**fragile** kırılabilir [kuhruh-labeeleer]
**France** Fransa
**fraud** sahtekarlık [sahtekarluhk]
**free** bedava
  **admission free** giriş bedava [geereesh...]
**freight** yük [yewk]
**French** Fransız [fransuhz]
**fresh** *(fruit etc)* taze [tazeh]
**freshen up: I'd like to freshen up** elimi yüzümü
  yıkamak istiyorum [...yewzewmew yuhkamak...]
**Friday** Cuma [jooma]
**fridge** buzdolabı [boozdolabuh]
**fried egg** yağda yumurta [ya-da...]
**friend** arkadaş [arkadash]
**friendly** dostça [dostcha]
**fries** kızartma [kuhzartma]
**from** -dan, -den vh
  **from England/London** İngiltere'den/Londra'dan
  **where is it from?** bu nereden?
**front: in front of you** önünüzde [urnew-newzdeh]
  **at the front** önde [urndeh]
**frost** don
**fruit** meyva [mayva]
**fruit salad** meyva salatası [mayva salatasuh]
  **stewed fruit** hoşaf [hoshaf]
**fry** kızartmak [kuhzartmak]
  **nothing fried** kızarmış bir şey olmasın [-muhsh
  beer shay olmasuhn]
**frying pan** tava
**full** dolu
**fun: it's fun** eğlenceli [aylenjelee]
  **have fun!** iyi eğlenceler! [...aylenjeler]
**funny** *(strange)* garip
  *(comical)* komik

**furniture** mobilya
**further** ileride [eelereedeh]
**fuse** sigorta
**future** gelecek [gelejek]
  **in the future** gelecekte [-teh]

# G [geh]

**gale** fırtına [fuhrtuhna]
**gallon** galon

  ✈ 1 gallon = 4.55 litres

**gallstone** safrakesesi taşı […tashuh]
**gamble** kumar oynamak
**garage** *(for repairs)* tamirhane [tameerhaneh]
  *(for petrol)* benzin istasyonu
  *(for parking)* garaj [garaJ]
**garden** bahçe [baнcheh]
**garlic** sarımsak [saruhmsak]
**gas** gaz [gahz]
  *(petrol)* benzin
**gas cylinder** gaz tüpü [gahz tewpew]
**gasket** conta [jonta]
**gate** *(at airport)* çıkış kapısı [chuhkuhsh kapuhsuh]
**gay** homoseksüel [-sew-el]
**gear** *(in car)* vites [veetes]
  *(equipment)* aletler
  **I can't get it into gear** vitese takamıyorum
  [veeteseh takamuhyoroom]
**geçme yasağı** no overtaking
**geliş** arrival
**gents** erkekler tuvaleti
**Georgia** Gürcistan [gewrjeestan]
**German** Alman
**Germany** Almanya

**gesture** el hareketi
**get: will you get me a...?** bana bir... bulabilir
misiniz?
  **how do I get to...?** ...-e nasıl gidebilirim [...eh
nasuhl...]
  **how do I get to the ferry?** feribota nasıl
gidebilirim?
  **where do I get a bus for...?** ...-e otobüs
nereden kalkıyor? [...otobews nereden kalkuhyor]
  **where do I get off?** nerede inmem lazım?
[neredeh...lazuhm]
  **have you got...?...** var mı? [...muh]
**giden yolcular salonu** departure lounge
**gin** cin [jeen]
**gin and tonic** cintonik [jeentoneek]
**giriş** entrance
**girl** kız [kuhz]
**girlfriend** kız arkadaş [kuhz arkadash]
**girmek yasaktır** no admittance
**give** vermek
  **will you give me...?** bana...-i verir misiniz?
  **I gave it to him** ona verdim
**glad** memnun
  **I'm glad** memnunum
**glass** cam [jahm]
  *(drinking)* bardak
  **a glass of water** bir bardak su
  **a glass of wine** bir bardak şarap [...sharap]
**glasses** gözlük [gurzlewk]
**glue** zamk
**go** gitmek
  **I want to go to Bodrum** Bodrum'a gitmek
istiyorum
  **when does the bus go?** otobüs ne zaman
kalkacak [otobews neh...kalkajak]

**does this go to the airport?** bu havaalanına gider mi? […hava-alanuhna…]

**the bus has gone** otobüs gitmiş […geetmeesh]

**he's gone** gitti

**where are you going?** nereye gidiyorsunuz? [nereyeh…]

*(familiar)* nereye gidiyorsun?

**let's go** hadi gidelim

**go on!** devam et

**can I have a go?** bir deneyebilir miyim? […denay-ebeeleer…]

**goal** *(score)* gol

**goat's cheese** keçi peyniri [kechee payneeree]

**god** tanrı [tanruh]

**goddess** tanrıça [tanruhcha]

**goggles** *(for swimming)* sualtı gözlüğü [soo-altuh gurzlew-ew]

**gold** altın [altuhn]

**golf** golf

**golf course** golf sahası […sahasuh]

**good** iyi

**good!** iyi!

**goodbye**

> Turkish has two words for 'goodbye'. Which one you use depends on whether you are the person who is leaving or the person staying behind.
> If you are leaving, say:
>
> Allahaısmarladık [ala-smaladuhk]
>
> If someone is leaving you, say:
> güle güle [gewleh…]

**got: have you got…?** …var mı [var muh]

**gram** gram

**granddaughter** torun
**grandfather** büyükbaba [bewyewkbaba]
**grandmother** büyükanne [bewyewk-anneh]
**grandson** torun [toroon]
**grapefruit** greyfut [gray-foot]
**grapefruit juice** greyfut suyu [gray-foot…]
**grapes** üzüm [ewzewm]
**grass** ot
**gravy** et suyu
**grease** yağ [ya]
  *(for machinery)* gres
**greasy** yağlı [ya-luh]
**great** büyük [bew-yewk]
  *(very good)* harika
  **great!** mükemmel! [mewkem-mel]
**Greece** Yunanistan
**greedy** açgözlü [achgurzlew]
**Greek** Yunan
**green** yeşil [yesheel]
**grey** gri
**grocer's** bakkal
**ground** yer
  **on the ground** yerde [yerdeh]
  **on the ground floor** zemin katta
**group** grup
  **our group leader** grup başkanımız […bash-kanuhmuhz]
  **I'm with the English group** ben İngiliz grubuylayım […eengeeleez groo-booyla-yuhm]
**guarantee** garanti
  **is there a guarantee?** bunun garantisi var mı? […muh]
**guest** misafir [meesah-feer]
**guesthouse** pansiyon
**guide** rehber [reнber]

**guidebook** rehber [reHber]
**guided tour** rehberli tur [reHberlee…]
**guilty** suçlu [soochloo]
**guitar** gitar
**gum** *(in mouth)* dişeti [deeshetee]
**gümrük** Customs
**gun** *(pistol)* tabanca [tabanja]
**güney** south

# H [ha]

**hair** saç [sach]
**hairbrush** saç fırçası [sach fuhrchasuh]
**haircut: where can I get a haircut?** saçımı
nerede kestirebilirim? [sach-uhmuh neredeh…]
**hairdresser's** kuaför [kwafur]
  *(for men)* berber
  **is there a hairdresser's here?** burada bir kuaför
  var mı […var muh]

> ✈ Even the most expensive salons are incredibly
>   cheap compared with the UK. And the
>   barbers' traditional services for men are a
>   great treat with shoulder and arm massages,
>   burning of facial hair, hot towel shaves etc.

**hair grip** saç tokası [sach tokasuh]
**half** yarım [yaruhm]
  **a half portion** yarım porsiyon
  **half an hour** yarım saat […saht]
  *go to* **time**
**ham** jambon
**hamburger** hamburger
**hammer** çekiç [chekeech]
**hand** el
**handbag** el çantası […chantasuh]

**hand baggage** el bagajı [...-Juh]

**handbrake** el freni

**handkerchief** mendil

**handle** sap [sahp]

**handmade** el işi [...eeshee]

**handsome** yakışıklı [yakuh-shuhkluh]

**hanger** askı [askuh]

**hangover** akşamdan kalma [akshamdan...]

   **I've got a terrible hangover** felaket akşamdan
   kalmayım [...kalmI-uhm]

**happen** olmak

   **I don't know how it happened** nasıl oldu,
   bilmiyorum [nasuhl...]

   **what's happening?** ne oluyor? [neh...]

   **what's happened?** ne oldu?

**happy** mutlu

**harbour** liman

**hard** sert

   *(difficult)* zor

**hard-boiled egg** lop yumurta

**hareket saati** departure time

**harm** *(noun)* zarar

**hat** şapka [shapka]

**hate: I hate...** ...-den nefret ederim

**havalimanı** airport

**have: can I have...?** ...alabilir miyim?

   **can I have some water?** biraz su alabilir
   miyim?

   **I have no...** ...-m yok

   **do you have...?** ...var mı? [...muh]

   **do you have any cigars/a map?** puronuz/bir
   haritanız var mı?

   **I have to leave tomorrow** yarın gitmek
   zorundayım [yaruhn...zoroondIuhm]

To say 'I have/he has…' you add one of the endings for 'my/his/her' vh etc to the noun and then put the word **var** at the end of the sentence. For example:
> **he has a car**
> araba +sı +var
> arabası var

To say 'I don't have/he doesn't have…' make the same changes to the noun and put **yok** at the end of the sentence.
> **he doesn't have a car**
> araba + sı +yok
> arabası yok

To say 'do you have/does he have…?' make the same changes and add **var mı** at the end of the sentence.
> **does he have a car?**
> araba +sı + var mı?
> arabası var mı?

Here are the forms for 'to have'.
> **I have** -m var
> **you have** (familiar singular) -n var
> **he/she has** -sı var
> **we have** -mız var
> **you have** (polite and plural) -nız var
> **they have** -ları var

**hay fever** saman nezlesi
**he** o

If no special emphasis is needed Turkish omits the word for 'he'.
> **he has gone** gitti

**head** baş [bash]

**headache** baş ağrısı [bash a-ruhsuh]
**headlight** far

> ✈ Flashing headlights mean 'get out of the way'
> rather than 'after you'.

**head waiter** şef garson [shef…]
**head wind** karşıdan gelen rüzgar [karshuhdan…
rewzgar]
**health** sağlık [sa-luhk]
  **your health!** sağlığınıza! [sa-luhuh-nuhza]
**hear** duymak
  **I can't hear** duyamıyorum [dooyamuhyoroom]
**hearing aid** işitme cihazı [eesheetmeh jeehazuh]
**heart** kalp
**heart attack** kalp krizi
**heat** sıcaklık [suhjakluhk]
**heating** ısıtma [uhsuhtma]
**heat stroke** sıcak çarpması [suhjak charpmasuh]
**heavy** ağır [a-uhr]
**heel** topuk
  (of shoe) taban
  **could you put new heels on these?** bunların
  tabanlarını yeniler misiniz? [boonlaruhn
  tabanlaruhnuh…]
**height** boy
  (of buildings, mountains) yükseklik [yewksekleek]
**hello** merhaba
  (on phone) alo
  (to get attention) pardon
**help** yardım [yarduhm]
  **can you help me?** bana yardım eder misiniz?
  **help!** imdat!
**her**[1] onu
  **have you seen her?** onu gördün mü?
  […gurdewn mew]

**will you give it to her?** onu *ona* verir misiniz
**with her** onunla
**it's her** odur
**who? – her** kimi? – onu
**her**[2] *(possessive)*

> Add -i (or -ı, -u, -ü [vh]). Insert an s if the word
> already ends in a vowel.
>
> | **name** | ad |
> |---|---|
> | **her name** | adı |
> | **drink** | içki |
> | **her drink** | içkisi |
>
> For emphasis add onun:
> **it's *her* drink** onun içkisi

**here** bura
  **come here** buraya gelin [boora-ya…]
**her gün** every day
**hers: it's hers** o onunki
**heyelan!** landslides!
**hi!** merhaba
**high** yüksek [yewksek]
  **higher up** daha yüksek
**high chair** bebek iskemlesi
**hill** tepe [tepeh]
  **up the hill** tepeye doğru [-yeh doh-roo]
  **down the hill** tepeden aşağı […asha-uh]
**him: I don't know him** onu tanımıyorum
  […tanuhmuhyoroom]
  **will you give it to him?** onu ona verir
  misiniz
  **it's him** odur [odoor]
  **with him** onunla
  **who? – him** kimi? – onu
**hire** *go to* rent

his

> Add -i (or -ı, -u, -ü |vh| ). Insert an s if the word
> already ends in a vowel.
>
> | name | ad |
> |---|---|
> | his name | adı |
> | drink | içki |
> | his drink | içkisi |
>
> For emphasis add onun:
> it's *his* drink o onun içkisi
> it's *his* o onun

**hit: he hit me** bana vurdu
**hitch-hike** otostop yapmak
**hitch-hiker** otostopçu [-choo]
**hitch-hiking** otostop
**hold** *(verb)* tutmak
**hole** delik
**holiday** tatil
  *(single day)* tatil günü [...gewnew]
  **I'm on holiday** tatildeyim [ta-teeldeh-yeem]
**home** ev
  **at home** evde [evdeh]
  *(back in Britain)* ülkemde [ewlkemdeh]
  **I want to go home** eve dönmek istiyorum [eveh
  durnmek...]
**homesick: I'm homesick** evimi özledim
  [...urzledeem]
**honest** dürüst [dewrewst]
**honestly?** sahi mi?
**honey** bal [bahl]
**honeymoon** balayı [bahla-yuh]
**hookah** nargile [nargeeleh]
**hope** umut
  **I hope that...** umut ederim ki...

**I hope so** inşallah [eenshal-lah]
**I hope not** inşallah öyle değildir [...ur-leh deh-eeldeer]
**horn** *(of car)* korna
**horrible** korkunç [korkoonch]
**horse** at [aht]
**hospital** hastane [hastaneh]

> ✈ Private hospitals in big cities are usually well
> equipped and there will be some English-
> speaking staff. The British Embassy website
> has a list of hospitals with English-speaking
> staff. Remember to get receipts for your
> insurance company.

**host** ev sahibi
**hostess** ev sahibesi
*(air)* hostes
**hot** sıcak [suhjak]
*(spiced)* acı [ajuh]
**I'm so hot!** piştim! [peeshteem]
**it's so hot today!** bugün çok sıcak! [boogewn chok suhjak]
**hotel** otel
**at my hotel** otelimde [-eemdeh]
**hour** saat [saht]
**house** ev
**how** nasıl [nasuhl]
**how many?** kaç tane? [kach taneh]
**how much?** ne kadar? [neh...]
**how much is it?** kaça? [kacha]
**how long does it take?** ne kadar sürer? [...sewrer]
**how long have you been here?** ne zamandır buradasınız? [...zamanduhr booradasuhnuhz]
**how are you?** nasılsınız? [nasuhl-suhnuhz]

> *YOU MAY THEN HEAR*
> iyiyim *fine*
> fena değil *not bad*
> şöyle böyle *so-so*
> içgüveysinden hallice *mustn't grumble*
> *(literally: slightly better than a son-in-law
> living in his wife's parents' house)*

**hull** tekne [tekneh]
**humid** nemli
**hungry: I'm hungry** acıktım [ajuhktuhm]
  **I'm not hungry** aç değilim [ach deh-eeleem]
**hurry: I'm in a hurry** acelem var [ajelem...]
  **please hurry!** lütfen acele edin [lewtfen ajeleh...]
**hurt: it hurts** acıyor [ajuhyor]
  **my leg hurts** bacağım acıyor [baja-uhm...]
**husband** koca [koja]
  **my husband** kocam [kojam]

# I [ee]

**I** ben

> If there is no special emphasis Turkish omits
> the word for 'I'.
>   **I live in London** Londra'da yaşıyorum

**ice** buz
  **with lots of ice** çok buzlu [chok...]
**ice cream** dondurma
**iced coffee** buzlu kahve [...kaнveh]
**identity papers** kimlik belgeleri
**idiot** gerzek
**if** eğer [eh-er]
**ignition** *(of car)* kontak
**ill** hasta

**I feel ill** kendimi hasta hissediyorum
**illegal** yasadışı [yasaduhshuh]
**illegible** okunaksız [okoonaksuhz ]
**illness** hastalık [hastaluhk]
**imdat freni** emergency brake
**immediately** hemen [hehmen]
**important** önemli [urnemlee]
**it's very important** çok önemli [chok…]
**impossible** imkansız [eemkansuhz]
**impressive** etkileyici [etkeeleh-yeejee]
**improve** gelişmek [geleeshmek]
**I want to improve my Turkish** Türkçemi
geliştirmek istiyorum [tewrkchemee
geleeshteermek…]
**in** -da, -de vh
**in London** Londra'da
**in England** İngiltere'de [eengeeltehrehdeh]
**in 1982** bin dokuz yüz seksen ikide [been dokooz
yewz seksen eekeedeh]
**is he in?** evde mi? [evdeh…]
**inch** inç [eench]

> ✈ 1 inch = 2.54 cm

**include** dahil etmek [daнeel…]
**does that include breakfast?** buna kahvaltı
dahil mi? […kahvaltuh…]
**incompetent** beceriksiz [bejereekseez]
**incredible** inanılmaz [eenanuhlmaz]
**indecent** edepsiz
**independent** bağımsız [ba-uhmsuhz]
**indicate: he turned without indicating** sinyal
vermeden saptı […saptuh]
**indicator** *(on car)* sinyal
**indigestion** hazımsızlık [hazuhm-suhzluhk]
**indoors** içerde [eecherdeh]

**infection** enfeksiyon
**infectious** bulaşıcı [boolashuhjuh]
**information** bilgi
  **do you have any information in English about...?** ... hakkında İngilizce bilgi var mı? [...hakkuhnda eengeeleezjeh...var muh]
  **is there an information office?** bir danışma bürosu var mı? [... danuhshma bewrosoo...]
**injection** enjeksiyon [enJekseeyon]
**injured** yaralı [yaraluh]
**injury** yara
**innocent** masum
**insect** böcek [burjek]
**insect repellent** böcek ilacı [burjek eelaJuh]
**inside** içeride [eechereedeh]
**insist: I insist** ısrar ediyorum [uhsrar...]
**insomnia** uykusuzluk
**instant coffee** neskafe [neskafeh]
**instead** yerine [yereeneh]
  **instead of...** ...yerine
**insulating tape** izobant®
**insult** hakaret
**insurance** sigorta
**insurance company** sigorta şirketi [...sheerketee]
**intelligent** zeki
**interesting** ilginç [eelgeench]
**international** uluslararası [oolooslararasuh]
**Internet** internet
**Internet café** internet kafe [...kafeh]
**interpret** çeviri [cheveeree]
  **would you interpret for us?** bizim için çeviri yapar mısınız? [...eecheen...muhsuhnuhz]
**interpreter** çevirmen [cheveermen]
**into** içine [eecheeneh]
  **I'm not into that** *(don't like)* ondan pek

hoşlanmam [...hoshlanmam]

**introduce: can I introduce...?** size...-i tanıştırabilir miyim? [seezeh...tanuhsh-tuhrabeeleer...]

**invalid** *(disabled)* engelli

**invitation** davet [da-vet]

    **thanks for the invitation** davetiniz için teşekkür ederim [...eecheen teshekkewr...]

**invite: can I invite you out?** sizi bir yere davet edebilir miyim [...yereh da-vet...]

**invoice** fatura

**Iran** İran [eeran]

**Iraq** Irak [uhrak]

**Ireland** İrlanda [eerlanda]

**Irish** İrlandalı [eerlandaluh]

**Irishman** İrlandalı [eerlandaluh]

**Irishwoman** İrlandalı [eerlandaluh]

**iron** *(for clothes)* ütü [ewtew]

    **will you iron these for me?** bunları benim için ütüler misiniz? [boonlaruh...eecheen ewtewler...]

**is** *go to* **be**

**Islam** İslam [eeslam]

**Islamic** İslami [eeslamee]

**island** ada

**it** o

> As a subject, 'it' is usually omitted:
>     **where is it?** nerededir?
>     **it's not working** bozuk
>
> As an object, it is translated as onu:
>     **give it to me** onu bana ver

**Italy** İtalya [eetalya]

**itch: it itches** kaşınıyor [kashuhnuhyor]

**itemize: would you itemize it for me?** bunun bana dökümünü yapar mısınız?

[...durkewmewnew...muhsuhnuhz]
**itfaiye** fire brigade
**itiniz** push

# J [Jeh]

**jack** *(for car)* kriko
**jacket** ceket [jeket]
**jam** reçel [rechel]
   **traffic jam** trafik tıkanıklığı [...tuhka-nuhkluh-uh]
**January** Ocak [ojak]
**jaw** çene [cheneh]
**jealous** kıskanç [kuhskanch]
**jeans** blucin [bloojeen]
**jellyfish** denizanası [deneezanasuh]
**jetty** iskele [eeskeleh]
**jewellery** mücevherat [mew-jevherat]
**job** iş [eesh]
   **just the job** tam uygun
**joke** *(noun)* şaka [shaka]
   **you must be joking!** şaka ediyorsunuz herhalde
   [...herhaldeh]
**journey** yolculuk [yoljoolook]
   **have a good journey!** iyi yolculuklar!
**July** Temmuz
**junction** kavşak [kavshak]
**June** Haziran
**junk** çöp [churp]
   *(food)* hazır yemek [hazuhr...]
**just** *(only)* yalnızca [yalnuhzja]
   *(exactly)* tam
   **just two** yalnızca iki
   **just a little** birazcık [beerazjuhk]
   **just there** oracıkta [orajuhkta]
   **not just now** şimdi değil [sheemdee deh-eel]

**just now** şu anda [shoo…]
*(a little while ago)* beş dakika önce [besh…urnjeh]
**he was here just now** kısa bir süre önce [kuhsa
beer sewreh…]
**that's just right** tam uygun

# K [keh]

**kalkış** departure
**kambiyo** exchange
**kapalı** closed
**karakol** police station
**kasa** cash desk
**kaygan yol** slippery road
**KDV, Katma Değer Vergisi** VAT
**kebab** kebap
**keep: can I keep it?** bende kalabilir mi?
[bendeh…]
  **you keep it** sizde kalsın [seezdeh kalsuhn]
  **keep the change** üstü kalsın [ewstew…]
  **you didn't keep your promise** sözünüzü
  tutmadınız [surzew-newzew
  tootmaduhnuhz]
  **it keeps on breaking** durmadan bozuluyor
**key** anahtar [anaнtar]
**keycard** kartlı kilit [kartluh…]
**kidney** böbrek [burbrek]
**kill** öldürmek [urldewrmek]
**kilo** kilo

> ✈ kilos/5 x 11 = pounds

| kilos | 1 | 1.5 | 5 | 6 | 7 | 8 | 9 |
|---|---|---|---|---|---|---|---|
| pounds | 2.2 | 3.3 | 11 | 13.2 | 15.4 | 17.6 | 19.8 |

**kilometre** kilometre [keelometreh]

✈ kilometres/8 x 5 = miles

| kilometres | 1 | 5 | 10 | 20 | 50 | 100 |
|---|---|---|---|---|---|---|
| miles | | 0.62 | 3.11 | 6.2 | 12.4 | 31 | 62 |

**kind: that's very kind of you** çok naziksiniz
  [chok…]
  **what kind of…?** ne tür…? [neh tewr]
**kiosk** kulübe [koolewbeh]
**kiss** öpücük [urpewjewk]
  *(verb)* öpmek [urpmek]

✈ Turks kiss twice on the cheeks when they
   meet; this includes man kissing man.

**kitchen** mutfak
**klima** air conditioning
**knee** diz
**knife** bıçak [buhchak]
**knock** *(verb: at door)* vurmak
  **there's a knocking noise from the engine**
  motordan bir vurma sesi geliyor
**know** bilmek
  *(person, place)* tanımak [tanuhmak]
  **I don't know** bilmiyorum
  **I didn't know** bilmiyordum
  **I don't know the area** bölgeyi bilmiyorum
  [burlgeyee…]
**koli** parcels
**koltuk** stalls
**köpek var** beware of the dog
**kredi kartı kabul edilmez** credit cards not accepted
**kurşunsuz** unleaded
**kuruş** one hundredth of a new lira
**kuzey** north

# L [leh]

**label** etiket
**laces** ayakkabı bağı [Iyakkabuh ba-uh]
**lacquer** sprey [spray]
**ladies (toilet)** bayanlar [ba-yanlar]
**lady** bayan [ba-yan]
**lager** bira
**lake** göl [gurl]
**lamb** *(meat)* kuzu
**lamp** lamba
**lamppost** lamba direği […deereh-ee]
**lampshade** abajur [abaJoor]
**land** *(noun)* kara
**lane** *(on road)* şerit [shereet]
**language** dil
**language course** dil kursu
**laptop** dizüstü bilgisayar [deezewstew beelgeesa-yar]
**large** büyük [bewyewk]
**laryngitis** larenjit [larenJeet]
**last** son
  **last year** geçen yıl [gechen yuhl]
  **last week** geçen hafta
  **last night** dün gece [dewn gejeh]
  **at last!** nihayet! [neeha-yet]
**late** geç [gech]
  **sorry I'm late** geciktiğim için özür dilerim [gejeektee-eem eecheen urzewr…]
  **it's a bit late** biraz geç
  **please hurry, I'm late** lütfen acele edin, geç kaldım [lewtfen ajeleh…kalduhm]
  **at the latest** en geç
**later** daha sonra

**see you later** görüşmek üzere [gur-rewshmek
ewzereh]
**laugh** *(verb)* gülmek [gewlmek]
**launderette** çamaşırhane [chamashuhr-haneh]
**lavabo** washroom, toilet
**lavatory** tuvalet
**law** kanun
**lawyer** avukat
**laxative** müshil [mews-heel]
**lazy** tembel
**leaf** yaprak
**leak** sızıntı [suhzuhntuh]
  **it leaks** bu sızdırıyor [...suhzduhruhyor]
**learn: I want to learn...** ...-i öğrenmek istiyorum
  [...ur-enmek...]
**lease** *(verb)* kiralamak
**least: not in the least** hiç de değil [heech deh
  deh-eel]
  **at least** en azından [...azuhndan]
**leather** deri
**leave** *(go away)* git
  **we're leaving tomorrow** yarın gidiyoruz
  [yaruhn...]
  **when does the bus leave?** otobüs ne zaman
  kalkıyor? [otobews neh...kalkuhyor]
  **I left two shirts in my room** odamda iki gömlek
  bırakmışım [...gurmlek buhrakmuhshuhm]
  **can I leave this here?** bunu burada bırakabilir
  miyim? [...buhrakabeeleer...]
**left** sol
  **on the left** solda
**left-handed** solak
**left luggage (office)** emanet
**leg** bacak [bajak]
**legal** *(permitted)* yasal

**lemon** limon
**lemonade** limonata
**lend: will you lend me your...?** ...-inizi ödünç
  verir misiniz? [...urdewnch...]
**lens** *(for camera)* objektif [obJekteef]
  *(of glasses)* cam [jam]
**less** daha az
  **less than that** ondan daha az
**let: let me help** size yardım edeyim [seezeh
  yarduhm...]
  **let me go!, let go of me** bırak beni! [buhrak...]
  **will you let me off here?** beni burada indirir
  misiniz?
  **let's go** hadi gidelim
**letter** mektup
  *(of alphabet)* harf
  **are there any letters for me?** bana mektup var
  mı? [...muh]
**letterbox** mektup kutusu
**lettuce** marul
**level crossing** demiryolu geçidi [...gecheedee]
**liable** *(responsible)* sorumlu
**library** kütüphane [kewtewp-haneh]
**licence** izin belgesi
**lid** kapak
**lie** *(untruth)* yalan
  **can he lie down for a bit?** biraz uzanabilir mi?
**life** hayat [ha-yat]
  **that's life** olacağına varır [olaja-uhna varuhr]
**lifebelt** can simidi [jan...]
**lifeboat** cankurtaran filikası [jankoortaran
  feeleekasuh]
**lifeguard** cankurtaran [jankoortaran]
**life insurance** hayat sigortası [ha-yat seegortasuh]
**life jacket** can yeleği [jan yeleh-ee]

**lift: do you want a lift?** sizi de götürebilirim
[…deh gurtew-rebeeleereem]
   **could you give me a lift?** beni de götürebilir
misiniz?
   **the lift isn't working** asansör çalışmıyor [asansur
chaluhsh-muhyor]
**light** *(not heavy)* hafif
   *(not dark)* aydınlık [I-duhnluhk]
   **the light** ışık [ushuhk]
   **the lights aren't working** ışıklar yanmıyor
[uhshuhklar yanmuhyor]
   *(of car)* farlar yanmıyor
   **have you got a light?** ateşiniz var mı?
[atesheeneez var muh]
   **light blue** açık mavi [achuhk…]
**light bulb** ampul
**lighter** çakmak [chakmak]
**like: would you like…?** …ister misiniz?
   **what would you like?** ne istersiniz? [neh…]
   **I'd like a…** bir… istiyorum
   **I'd like to…** …-mak istiyorum
   **I like it** beğendim [beh-endeem]
   **I like you** sizden hoşlanıyorum […hoshlanuh-
yoroom]
   **I don't like it** hoşuma gitmiyor [hoshooma…]
   **what's it like?** nasıl bir şey? [nasuhl beer shay]
   **do it like this** bu *şekilde* yapın
[…shehkeeldeh yapuhn]
   **one like that** onun benzeri
**liman** harbour
**lime** misket limonu
**line** çizgi [cheezgee]
   *(telephone)* hat [haht]
**lip** dudak
**lip salve** dudak merhemi […merнemee]

**lipstick** ruj [rooJ]
**lira** lira; *go to* **YTL**
**list** *(noun)* liste [leesteh]
**listen** dinlemek
  **listen!** dinle! [deenleh]
**litre** litre [leetreh]

✈ 1 litre = 1.75 pints = 0.22 gals

**little** küçük [kewchewk]
  **a little ice** biraz buz
  **a little more** biraz daha
  **just a little** yalnızca biraz [yalnuhzja…]
**live** yaşamak [yashamak]
  *(be alive)* canlı [Janluh]
  **I live in Glasgow** Glasgow'da oturuyorum
  **where do you live?** nerede oturuyorsunuz?
  [neredeh…]
**liver** karaciğer [karajee-er]
**lizard** kertenkele [kertenkeleh]
**loaf** somun
**lobster** istakoz
**local: could we try a local wine?** *yerel* bir şarap
  deneyebilir miyiz? […sharap deneh-yebeeleer…]
  **a local restaurant** *bu semtte* bir lokanta
  […semtteh…]
**lock: the lock's broken** kilit kırılmış
  […kuhruhlmuhsh]
  **I've locked myself out** dışarıda kaldım
  [duhsharuhda kalduhm]
**London** Londra
**lonely** *(person)* yalnız [yalnuhz]
**long** uzun
  **we'd like to stay longer** daha uzun kalmak
  istiyoruz
  **a long time** uzun bir süre […sewreh]

**loo: where's the loo?** tuvalet nerede? [...neredeh]

**look: you look tired** yorgun görünüyorsunuz [...gur-rewnew-yorsoonooz]

**look at that** şuna bak [shoona...]

**can I have a look?** bir bakabilir miyim?

**I'm just looking** yalnızca bakıyorum [yalnuhzja bakuhyoroom]

**will you look after my bags?** bavullarıma göz kulak olur musunuz? [bavool-laruhma gurz...]

**I'm looking for...** ...-i arıyorum [...aruhyoroom]

**look out!** dikkat!

**loose** gevşek [gevshek]

**lorry** kamyon

**lorry driver** kamyon şoförü [...shofur-rew]

**lose** kaybetmek [kI-betmek]

**I've lost...** ...kaybettim [...kI-betteem]

**excuse me, I'm lost** affedersiniz, yolumu kaybettim

**lost property (office)** kayıp eşya [ka-yuhp eshya]

**lot: a lot** çok [chok]

**not a lot** çok değil [...deh-eel]

**a lot of chips** *bol* kızarmış patates [...kuhzarmuhsh...]

**a lot of wine** bol şarap [...sharap]

**a lot more expensive** çok daha pahalı [...paнaluh]

**lotion** losyon

**loud** *(noise)* gürültülü [gewrewl-tewlew]

*(voice)* yüksek sesle [yewksek sesleh]

**it's too loud** çok gürültülü [chok...]

**louder** daha yüksek sesle

**lounge** *(in house)* salon

*(in hotel)* lobi

*(at airport)* yolcu salonu [yoljoo...]

**love: I love you** seni seviyorum

**do you love me?** beni seviyor musun?
**he's/she's in love** aşık [ahshuhk]
**I love this wine** bu şarabı seviyorum
[...sharabuh...]
**lovely** çok güzel [chok gewzel]
**low** alçak [alchak]
**luck** şans [shans]
  **good luck!** iyi şanslar! [...shanslar]
**lucky** şanslı [shansluh]
  **you're lucky** şanslısınız [-luhsuhnuhz]
  **that's lucky!** ne şans! [neh...]
**luggage** bagaj [bagaJ]
**lunch** öğle yemeği [urleh yemeh-ee]
**lungs** akciğerler [akjee-erler]
**lütfen** please
**luxury** lüks [lewks]

# M [meh]

**macaroon** acı badem kurabiyesi [ajuh...]
**mad** deli
**made-to-measure** ısmarlama [uhsmarlama]
**magazine** dergi
**magnificent** şahane [sha-haneh]
**maid** *(in hotel)* oda hizmetçisi [...heezmetcheesee]
**maiden name** kızlık soyadı [kuhzluhk soy-aduh]
**mail** posta
  **is there any mail for me?** bana mektup var mı?
  [...muh]
**mainland** anavatan
**main road** ana yol
**make** yapmak
  **will we make it in time?** vaktinde varacak mıyız?
  [vakteendeh varajak muhyuhz]
**make-up** makyaj [makyaJ]

**man** erkek, adam
**manager** yönetici [yur-neteejee]
  **can I see the manager?** yöneticiyle görüşmek istiyorum [...–leh gur-rewshmek...]
**many** çok [chok]
**map** harita
  **a map of...** ...haritası [...hareetasuh]
**March** Mart
**marina** yat limanı [...leemanuh]
**market** *(in town)* pazar
**marmalade** portakal reçeli [...rechelee]
**Marmara: Sea of Marmara** Marmara Denizi
**married** evli
**marry: will you marry me?** benimle evlenir misin? [beneemleh...]
**marvellous** şahane [sha-haneh]
**mascara** rimel
**mashed potatoes** patates püresi [...pewresee]
**mass** *(in church)* cemaat [jema-at]
**massage** masaj [mahsaJ]
**mast** direk
**mat** paspas
  *(Turkish wrestling)* minder [meender]
**match: a box of matches** bir kutu *kibrit*
  **a football match** futbol maçı [...machuh]
**material** *(cloth)* kumaş [koomash]
**matter: it doesn't matter** önemli değil [urnemlee deh-eel]
  **what's the matter?** ne oldu? [neh...]
**mattress** şilte [sheelteh]
**mature** olgun
**maximum** azami
**May** Mayıs [ma-yuhs]
**may: may I have...?** bana... verebilir misiniz?
**maybe** belki

**mayonnaise** mayonez [ma-yonez]
**me** ben
  **it's for me** o benim için [...eecheen]
  **from me** benden
  **with me** benle [benleh]
  **he knows me** beni tanıyor [...tanuhyor]
  **give me...** bana...ver
  **can you send it to me?** onu bana gönderir
  misin? [...gurndereer...]
  **it's me** benim
  **it was me** bendim
  **who? - me** kimi? – beni
**meal** yemek
**mean: what does this mean?** bu ne demek?
  [...neh...]
**measles** kızamık [kuhzamuhk]
  **German measles** kızamıkçık [-chuhk]
**measurements** ölçüler [urlchewler]
**meat** et
**mechanic: is there a mechanic here?** burada bir
  *araba tamircisi* var mı? [...tameerjeesee var muh]
**medicine** *(for cold etc)* ilaç [eelach]
**Mediterranean** Akdeniz
**meet** buluşmak [boolooshmak]
  **pleased to meet you** memnun oldum
  **when shall we meet?** ne zaman buluşabiliriz?
  [neh...boolooshabeeleereez]
**meeting** toplantı [-tuh]
**melon** kavun
**member** üye [ewyeh]
  **how do I become a member?** nasıl üye
  olabilirim? [nasuhl...]
**men** adamlar
**mend: can you mend this?** bunu *tamir* edebilir
  misiniz?

**mention: don't mention it** bir şey değil [...shay deh-eel]

**menu** menü [menew]
  **can I have the menu, please?** menüyü verir misiniz?
  *go to page 85*

**mess** karışıklık [karuh-shuhkluhk]

**message** mesaj
  *(text)* cep mesajı [jep mesaJuh]
  **are there any messages for me?** bana mesaj bırakan oldu mu? [...buhrakan...]
  **can I leave a message for...?...** için bir mesaj bırakabilir miyim? [eecheen...buhrakabeeleer...]

**metre** metre [metreh]

✈ 1 metre = 39.37 inches = 1.09 yds

**midday** öğle [urleh]
  **at midday** öğleyin

**middle** orta
  **in the middle** ortada

**midnight** gece yarısı [gejeh yaruhsuh]

**might: he might have gone** gitmiş olabilir [geetmeesh...]

**migraine** migren

**mild** hafif
  *(weather)* ılıman [uhluhman]

**mile** mil

✈ miles/5 x 8 = kilometres

| miles | 0.5 | 1 | 3 | 5 | 10 | 50 | 100 |
|---|---|---|---|---|---|---|---|
| kilometres | 0.8 | 1.6 | 4.8 | 8 | 16 | 80 | 160 |

**milk** süt [sewt]
  **a glass of milk** bir bardak süt

**milkshake** milkşeyk [-shayk]

**milletlerarası** international

### Çorbalar: Soups

**domates çorbası** tomato soup
**ezogelin** green lentils, bulgur and mint
**mercimek çorbası** red lentil soup
**şehriyeli tavuk çorbası** chicken and small pasta pieces

### Mezeler ve Salatalar: Starters and Salads

**Arnavut ciğeri** 'Albanian' spicy fried liver with onions
**börek** layered pastry with cheese, meat or spinach filling
**Çerkez tavuğu** 'Circassian' cold chicken in walnut sauce with garlic
**çoban salatası** mixed tomato, pepper, cucumber and onion salad
**fasulye piyazı** bean and onion salad usually served with meatballs
**gözleme** thin pastry filled with potatoes/cheese/mince and cooked on a thin iron over an open fire
**kabak kızartması** fried courgettes
**karışık salata** mixed salad
**kısır** cracked bulgur wheat salad with pomegranate molasses
**menemen** omelette with tomatoes and peppers
**midye tavası** fried mussels
**rus salatası** Russian salad (potatoes, mayonnaise, peas, carrots etc)
**tarama** roe pâté

### Zeytinyağlılar: Dishes with olive oil

**fasulye pilaki** beans in tomato sauce
**imam bayıldı** aubergine stuffed with tomatoes and onions, eaten cold
**midye dolması** stuffed mussels

---

**siparişinizi alabilir miyim?** can I take your order?

**içecek ne alırsınız?** what would you like to drink?

**water**
su

**bread**
ekmek

patlıcan salatası aubergine purée
zeytinyağlı biber dolması stuffed sweet peppers in olive oil
zeytinyağlı enginar artichokes in olive oil
zeytinyağlı pırasa leeks in olive oil
zeytinyağlı fasulye runner beans in tomatoes and olive oil

### Ana Yemekler: Main Dishes

Adana kebabı spicy hot meatballs
biftek steak
Bursa/İskender kebabı grilled lamb on pita bread with tomato sauce and yoghurt
ciğer liver
cızbız köfte grilled meat rissoles
çöp kebabı small pieces of lamb cooked on wooden spits
döner kebap lamb grilled on a spit and served in thin slices, usually with rice and salad
et sote stir fried beef
etli Ayşe kadın meat with green beans
etli biber dolması peppers stuffed with rice and meat
etli kabak dolması courgettes stuffed with rice and meat
etli kapuska cabbage stew with meat
etli kuru fasulye lamb and haricot beans in tomato sauce
etli lahana dolması cabbage leaves stuffed with rice and meat
etli yaprak dolması vine leaves stuffed with rice and meat
güveç meat and vegetable stew
kadın budu köfte 'lady's thighs' – meat and rice croquettes
kağıt kebabı lamb and vegetables

---

kırmızı mı beyaz mı? red or white?

afiyet olsun! enjoy your meal!

chicken tavuk

fish balık [baluhk]

lamb kuzu

her şey yolunda mı? is everything OK?

wrapped in paper
**karışık ızgara** mixed grill
**karnıyarık** aubergine stuffed with meat
**kıymalı bamya** okra with minced meat
**kıymalı pide** thin crust pizza with spicy mince topping
**kuzu fırında** roast leg of lamb
**lahmacun** very thin crust pizza with spicy meat and parsley
**mantı** meat filled ravioli served in a garlicky yoghurt sauce
**patates kızartması** chips, French fries
**patates köftesi** potato and cheese balls
**patates püresi** mashed potatoes
**patlıcan kebabı** roasted pieces of aubergine and meat
**pirzola** lamb chops
**salçalı köfte** meatballs in tomato sauce
**şiş kebap** small pieces of lamb grilled on skewers
**sosis** sausage
**talaş kebabı** lamb baked in pastry
**tandır kebabı** meat roasted in an oven
**tas tebabı** diced lamb with rice
**terbiyeli köfte** meatballs with egg and lemon sauce
**türlü** meat and vegetable stew
**yoğurtlu kebap** kebab with pita bread and yoghurt

### Kümes Hayvanları: Poultry

**bıldırcın** quail
**piliç** spring chicken
**tavuk ızgara** barbecued chicken

**başka bir arzunuz var mı?** is that everything?

**I'd like…** …istiyorum [...eesteeyo-room]

**can I have what he's having?** o ne alıyorsa ben de alabilir miyim? [o neh aluhyorsa ben deh…]

tavuklu **pide** thin crust pizza with chicken topping
tavuklu **pilav** chicken and rice

### Balıklar ve Deniz Mahsülleri: Fish and Seafood

**alabalık** trout
**balık buğulaması** fish baked with tomatoes
**barbunya** red mullet
**dil balığı** sole
**hamsi** anchovies
**istakoz** lobster
**istiridye** oysters
**kalamar** squid
**kalkan** turbot
**karagöz** black bream
**karides** prawns
**kefal** grey mullet
**kılıç (balığı)** swordfish
**levrek** sea bass
**lüfer** bluefish
**palamut** bonito
**pavurya** crab
**tekir** striped mullet
**uskumru** mackerel

### Sebze: Vegetables

**Ayşe kadın fasulye** green beans
**bamya** okra
**biber** pepper
**domates** tomatoes
**fasulye** beans
**kabak** courgette
**patates** potatoes
**patlıcan** aubergine
**sarımsak** garlic
**soğan** onion

---

**very nice!**
çok hoş
[chok hosh]

**red wine**
kırmızı şarap
[kuhrmuh-zuh sharap]

**white wine**
beyaz şarap
[bayaz]

**orange juice**
portakal suyu

**beer**
bira

**tatlı alır mısınız?**
would you like dessert?

### Tatlılar: Desserts

**baklava** pastry filled with nuts and syrup
**dondurma** ice cream
**helva** sweet usually made of cereals, nuts, sesame oil and honey
**hoşaf** stewed fruit
**irmik helvası** semolina 'helva'
**karışık dondurma** mixed ice cream
**karpuz** watermelon
**kavun** honeydew melon
**Maraş dondurması** ice cream made with orchid roots
**muhallebi** rice flour and rosewater pudding
**şekerpare** small cakes with syrup
**sütlaç** rice pudding
**supanglez** chocolate pudding
**tel kadayıf** shredded wheat stuffed with nuts in syrup

### İçecekler: Drinks

**ayran** yoghurt drink
**bira** beer
**çay** tea
**gazoz** fizzy drink
**maden suyu** mineral water
**menba suyu** spring water
**meşrubat** soft drinks
**meyva suyu** fruit juice
**rakı** Turkish national drink – distilled from grape juice and aniseed-flavoured
**sıkma portakal suyu** freshly squeezed orange juice

**vanilla**
vanilyalı
[vaneel-yaluh]

**strawberry** çilekli
[cheeleklee]

**chocolate**
çikolatalı
[cheekola-taluh]

**coffee**
kahve
[kaHveh]

**the bill, please**
hesap, lütfen
[…lewtfen]

**millimetre** milimetre [meelee-metreh]

**milometer** kilometre saati [keelo-metreh sahtee]

**minaret** minare [meenareh]

**mind: I've changed my mind** fikrimi değiştirdim [...deh-eeshteerdeem]

**I don't mind** *(no preference)* farketmez *(no problem)* bence mahzuru yok [benjeh...]

**do you mind if I...?** ...-in bir mahzuru var mı? [...muh]

**never mind** zararı yok [zararuh...]

**mine** benimki

**it's mine** o benimki

**mineral water** maden suyu

**minimum** asgari

**minus** eksi

**minus 3 degrees** eksi üç derece [...ewch derejeh]

**minute** dakika

**in a minute** birazdan

**just a minute** bir dakika

**mirror** ayna [I-na]

**Miss** bayan [ba-yan]

**miss: I miss you** seni özledim [...urzledeem]

**he's missing** kayıp [ka-yuhp]

**there is a...missing** bir...eksik

**we missed the bus** otobüsü kaçırdık [otobewsew kachuhrduhk]

**mist** sis

**mistake** hata

**I think you've made a mistake** bir hata yaptığınızı sanıyorum [...yaptuh-huhnuhzuh sanuhyoroom]

**misunderstanding** yanlış anlama [yanluhsh...]

**mobile (phone)** cep telefonu [jep...]

**my mobile number is...** cep numaram...

**modern** modern
**moisturizer** nemlendirici [nemlendeereejee]
**Monday** Pazartesi
**money** para
  **I've lost my money** paramı kaybettim [-muh kI-betteem]
  **I have no money** hiç param yok [heech…]
**money belt** bel çantası [...chantasuh]
**month** ay [I]
**moon** ay [I]
**moorings** demir yeri
**more** daha
  **can I have some more?** biraz daha alabilir miyim?
  **more wine, please** daha şarap, lütfen [...sharap lewtfen]
  **no more, thanks** yeterli teşekkürler [...teshekkewler]
  **more than...** ...-den (daha) fazla
  **more than that** ondan (daha) fazla
  **no more money** başka para yok [bashka...]
  **I haven't got any more** bende (daha) başka yok [bendeh...]
  **there aren't any more** (daha) başka yok
  **more comfortable** daha rahat
**morning** sabah [sabaH]
  **good morning** günaydın [gewnI-duhn]
  **in the morning** sabahleyin [sabaHleh-yeen]
  *(tomorrow)* yarın sabah [yaruhn...]
  **this morning** bu sabah
**mosque** cami [jamee]
**mosquito** sivrisinek
**most: the most** en
  **I like this one the most** en çok bundan hoşlanıyorum [...chok...hoshlanuhyoroom]

**most of the people** insanların çoğu
[eensanlaruhn cho-oo]
**mother** anne [anneh]
  **my mother** annem
**motor** motor
**motorbike** motosiklet
**motorboat** deniz motoru
**motorcyclist** motosikletçi [-chee]
**motorin** diesel
**motorist** sürücü [sewrewjew]
**motorway** otoyol
**mountain** dağ [da]
  **in the mountains** dağlarda [da-larda]
**mouse** fare [fa-reh]
  *(for computer)* maus
**moustache** bıyık [buhyuhk]
**mouth** ağız [a-uhz]
**move: don't move** kımıldamayın [kuhmuhldama-
yuhn]
  **could you move your car?** arabanızı oradan alır
  mısınız? [arabanuhzuh...aluhr muhsuhnuhz]
**movie** film
**MPV** çok amaçlı otomobil [chok amachluh...]
**Mr** Bay [bI]
**Mrs** Bayan [ba-yan]
**Ms** Bayan [ba-yan]
**much** çok [chok]
  **much better** çok daha iyi
  **not much** çok değil [...deh-eel]
**müdür** manager
**mug: I've been mugged** gasp edildim
**mum** anne [anneh]
  **my mum** annem
**muscle** kas
**museum** müze [mewzeh]

**mushrooms** mantarlar
**music** müzik [mewzeek]
**must: I must have...** bana...lazım [...lazuhm]
   **I must not eat...** ...yememem lazım [yemeh-
   mem...]
   **you must do it** yapmalısın [yapma-luhsuhn]
   **must I...?** ...-meli miyim?
   **you mustn't...** ...mamalısın [...mama-
   luhsuhn]
**mustard** hardal
**my**

---

Add -im (or -ım, -um, -üm vh ). Just add -m if
a word already ends in a vowel.

| | |
|---|---|
| **name** | ad |
|   **my name** | adım |
| **drink** | içki |
|   **my drink** | içkim |

For emphasis add benim:
   **it's *my* drink** o benim içkim

---

# N [neh]

**nail** *(on finger)* tırnak [tuhrnak]
  *(for wood)* çivi [cheevee]
**nail clippers** tırnak makası [tuhrnak makasuh]
**nail file** tırnak törpüsü [tuhrnak turpewsew]
**nail polish** oje [oJeh]
**nail scissors** tırnak makası [tuhrnak makasuh]
**naked** çıplak [chuhplak]
**name** ad
  **my name is...** adım... [aduhm...]
  **what's your name?** adınız nedir?
  [aduhnuhz...]
  *(familiar)* adın ne? [aduhn neh]

**napkin** peçete [pecheteh]
**nappy** bebek bezi
**narrow** dar
**national** milli
**nationality** milliyet
**natural** doğal [doh-al]
**near: is it near?** yakın mı? [yakuhn muh]
  **near here** buraya yakın [boora-ya...]
  **do you go near...?** ...-nin yakınından geçecek
  misiniz? [...-uhndan gechejek...]
  **where's the nearest...?** en yakın...nerede?
  [...neredeh]
**nearly** neredeyse [neredayseh]
**neat** *(drink)* sek
**necessary** gerekli
  **it's not necessary** gereksiz
**neck** boyun
**necklace** kolye [kolyeh]
**need: I need a...** bir...-e ihtiyacım var
  [...eeнteeyajuhm...]
**needle** *(for sewing)* iğne [eeneh]
**neighbour** komşu [komshoo]
**neither: neither of them** hiç biri [heech...]
  **neither... nor...** ne... ne... [neh...]
  **neither am/do I** ben de [...deh]
**nephew** yeğen [yeh-en]
  **my nephew** yeğenim [yeh-eneem]
**nervous** sinirli
**net** *(fishing, sport)* ağ [ah]
**never** asla
**new** yeni
**news** haber
**newsagent's** gazeteci [gazetejee]
**newspaper** gazete [gazeteh]
  **do you have any English newspapers?**

İngilizce gazete var mı? [eengeeleezjeh…muh]
**New Year** Yeni Yıl […yuhl]
**Happy New Year** Yeni Yılınız Kutlu Olsun
[…yuhluhnuhz…]

> ✈ Turks celebrate the New Year instead of
> Christmas; if invited to a New Year's party take
> a cake or a bottle; personal presents are not
> expected.

**New Year's Eve** Yılbaşı Gecesi [-bashuh gejesee]
**New Zealand** Yeni Zelanda
**next** bir sonraki
  **please stop at the next corner** lütfen bir
  sonraki köşede durun [lewtfen…kurshehdeh…]
  **see you next year** seneye görüşürüz [seneyeh
  gur-rewshewrewz]
  **next week/next Tuesday** gelecek hafta/gelecek
  Salı [gelejek hafta…saluh]
  **next to the hotel** otelin bitişiği […beeteeshee-ee]
**next of kin** vasi
**nice** hoş [hosh]
  (food) güzel [gewzel]
**niece** (kız) yeğen [(kuhz) yeh-en]
**night** gece [gejeh]
  **good night** iyi geceler […gejeler]
  **at night** geceleyin [gejelayeen]
**night club** gece kulübü [gejeh koolewbew]
**nightdress** gecelik [gejeleek]
**night porter** gece bekçisi [gejeh bekcheesee]
**no** hayır [ha-yuhr]
  **there's no water** su yok
  **I've no money** hiç param yok [heech…]
  **oh no!** tüh! [tew]
**nobody** hiç kimse [heech keemseh]
  **nobody saw it** hiç kimse görmedi […gurmedee]

**noisy** gürültülü [gewrewl-tewlew]
  **our room is too noisy** odamız fazla gürültülü
  [odamuhz...]
**none** hiç [heech]
  **none of them** hiçbiri
**non-smoker: we're non-smokers** sigara
  kullanmıyoruz [...koollan-muhyorooz]
**nor: nor am/do I** ben de [...deh]
**normal** normal
**north** kuzey [koozay]
**Northern Ireland** Kuzey İrlanda [koozay eerlanda]
**nose** burun
**not** değil [deh-eel]
  **not that one** o değil
  **not me** ben değil

---

To make verbs negative you take the **-mak**
or **-mek** ending off the verb and insert **-me-**
or **-ma-**. Before y in the present tense you
insert **-mi, -mı, -mu, -mü** [vh]. Here are some
examples:

  **bilmek** to know
    **I know** biliyorum
    **I don't know** bilmiyorum

  **istemek** to want
    **I want to...** ...istiyorum
    **I don't want to...** ...istemiyorum
    **she wants to** istiyor
    **she doesn't want to** istemiyor

  **söylemek** to tell
    **he told me** bana söyledi
    **he didn't tell me** bana söylemedi

The negative of 'to be' is simple:

| I am not... | ...değilim |
|---|---|
| **you are not...** | ...değilsiniz |
| **you are not...** | |
| (*familiar singular*) | ...değilsin |
| **he/she/it is not...** | ...değil |
| **we are not...** | ...değiliz |
| **they are not...** | ...değiller |

**tired** yorgun
   **I'm not tired** yorgun değilim

**American** Amerikalı
   **we're not American** Amerikalı
   değiliz

**note** *(bank note)* kağıt para [ka-uht...]
**nothing** hiçbir şey [heechbeer shay]
   **nothing for me thanks** bir şey istemem, sağol
   [...eestemem sah-ol]
**November** Kasım [kasuhm]
**now** şimdi [sheemdee]
**nowhere** hiçbir yer [heechbeer...]
**nudist beach** çıplaklar plajı [chuhplaklar
   plaJuh]
**nuisance: it's a nuisance** bu bir başbelası
   [...bashbelasuh]
   **this man's being a nuisance** bu adam beni
   rahatsız ediyor [...rahatsuhz...]
**numb** uyuşuk [ooyooshook]
**number** *(figure)* sayı [sa-yuh]
   *(phone)* numara
**number plate** plaka
**nurse** hemşire [hemsheereh]
**nut** fındık [fuhnduhk]
   *(for bolt)* somun

# O [o]

**oar** kürek [kewrek]
**obligatory** mecburi [mejbooree]
**obviously** besbelli
**occasionally** bazen
**o'clock** *go to* **time**
**October** Ekim
**octopus** ahtapot [аhtapot]
**odd** *(number)* tek
  *(strange)* acayip [aja-yeep]
**of: the name of the hotel** otelin adı [...aduh]
  **Susie's room** Susie'nin odası

> Add -in (or -ın, -un, -ün vh) to the first word
> and -i or -ı to the second. Insert an -n- if a
> word already ends in a vowel.

**off: the milk is off** süt bozulmuş [sewt
  bozoolmoosh]
  **it just came off** çıkıverdi [chuhkuhverdee]
  **10% off** yüzde 10 indirim [yewzdeh on...]
**office** büro [bewro]
**officer** *(to policeman)* memur bey [...bay]
  *(to woman)* memur hanım [...hanuhm]
**often** sık sık [suhk...]
  **how often?** hangi sıklıkta [...suhkluhkta]
  *(how many times?)* kaç kere [kach kereh]
  **how often do the buses go?** otobüsler hangi
  sıklıkta gidiyor? [otobewsler...]
  **not often** nadiren
**oil** yağ [ya]
  **will you change the oil?** yağı değiştirir misiniz?
  [ya-uh deh-eesh-teereer...]
**ointment** merhem

**ok** tamam
   **it's ok** *(doesn't matter)* önemli değil [urnemlee deh-eel]
   **are you ok?** iyi misiniz?
   **that's ok by me** bence mahzuru yok [benjeh maнzooroo…]
   **is this ok for the airport?** *(bus, train)* havaalanına gider mi bu? [hava-alanuhna geeder mee boo]
   **more wine? – no, I'm ok thanks** daha şarap? – ben istemem, sağol […sharap… sa-ol]
**old** *(person)* yaşlı [yashluh]
   *(thing)* eski
   **how old are you?** kaç yaşındasınız? [kach yashuhda-suhnuhz]

---

| **I am 28** 28 yaşındayım […-da-yuhm] |

---

**olive** zeytin [zayteen]
**olive oil** zeytinyağı [zayteenya-uh]
**omelette** omlet
**on** üstünde [ewstewndeh]
   **on the bar** barın üstünde [baruhn…]
   **I haven't got it on me** yanımda değil [yahnuhmda deh-eel]
   **on Friday** Cuma günü [jooma gewnew]
   **on television** televizyonda
   **this is on me** *(I'm paying)* bu benden
**once** bir kere […kereh]
   **at once** *(immediately)* derhal
**önden binilir** entrance at the front
**one** bir
   **the red one** kırmızı olan [kuhrmuhzuh…]
**onion** soğan [so-an]
**on-line: to pay on-line** internette ödeme [eenternetteh urdemeh]

**only** yalnız [yalnuhz]
  **the only one** yalnız olan
**open** (adjective) açık [achuhk]
  **I can't open it** açamıyorum [acha-muhyoroom]
  **when do you open?** saat kaçta açıyorsunuz?
  [saht kachta achuh-yorsoonooz]
**open ticket** açık bilet [achuhk...]
**opera** opera
**operation** (surgical) ameliyat
**operator** (telephone) santral memuru
**opposite: opposite the hotel** otelin karşısında
  [...karshuh-suhnda]
**optician's** gözlükçü [gurzlewkchew]
**or** veya [veh-ya]
**orange** (fruit) portakal
  (colour) turuncu [tooroonjoo]
**orange juice** portakal suyu
**order: could we order now?** yemekleri şimdi
  söyleyebilir miyiz? [...sheemdee suryle-yebeeleer...]
  **thank you, we've already ordered** teşekkür
  ederim yemekleri söyledik [teshekkewr...]
**other: the other...** diğer... [dee-er]
  **the other one** öbürü [urbewrew]
  **do you have any others?** başka var mı? [bashka
  var muh]
**otherwise** öbür türlü [urbewr tewrlew]
**otobüs durağı** bus stop
**otopark** car park
**otoyol** motorway
**ought: I ought to go** gitmeliyim
**our**

---

Add -imiz (or -ımız, -umuz, -ümüz vh ). Just
add -miz, -mız etc if a word already ends in a
vowel.

---

| | |
|---|---|
| **hotel** | otel |
| **our hotel** | otelimiz |
| **drink** | içki |
| **our drinks** | içkilerimiz |

For emphasis add bizim:
*our* **drinks** bizim içkiler

**ours: that's ours** bizimki
**out: we're out of petrol** benzinimiz *bitti*
  **get out!** defol! [deh-fol]
**outboard** dıştan takma [duhshtan...]
**outdoors** açık havada [achuhk...]
**outside: can we sit outside?** *dışarda* oturabilir
  miyiz? [duhsharda...]
**over: over here** burada
  **over there** orada
  **over 40** 40-tan fazla
  **it's all over** (finished) herşey bitti [hershay...]
**overcharge: you've overcharged me** benden
  fazla para aldınız [...alduhnuhz]
**overcooked** fazla pişmiş [...peeshmeesh]
**overexposed** fazla ışık verilmiş [...uhshuhk
  vereelmeesh]
**overnight** (stay, travel) gece [gejeh]
**oversleep: I overslept** vaktinde uyanmadım
  [vakteendeh ooyanmaduhm]
**overtake** geçmek [gechmek]
**owe: what do I owe you?** borcum ne kadar?
  [borjoom neh...]
**own: my own...** benim kendi...-m
  **I'm on my own** tek başınayım [...bashuhna-
  yuhm]
**owner** mal sahibi
**oxygen** oksijen [okseeJen]
**oysters** istiridye [eesteereedyeh]

# P [peh]

**pack: I haven't packed yet** daha toplanmadım
  [daha toplanmaduhm]
  **can I have a packed lunch?** bana bir piknik
  yemeği verebilir misiniz? [...yemeh-ee...]
**page** *(of book)* sayfa [sI-fa]
  **could you page him?** onu çağırtabilir misiniz?
  [...cha-uhr-tabeeleer...]
**pain** acı [ajuh]
  **I've got a pain here** buram ağrıyor [...a-ruhyor]
**painkillers** ağrı kesici [a-ruh keseejee]
**painting** *(picture)* resim
**pale** solgun
**pancake** gözleme [gurzlemeh]
**panties** külot [kewlot]
**pants** pantalon
  *(underpants)* don
**paper** kağıt [ka-uht]
  *(newspaper)* gazete [gazeteh]
**parcel** paket
**pardon?** *(didn't understand)* efendim?
  **I beg your pardon** *(sorry)* özür dilerim [urzewr...]
**parents: my parents** annem ve babam [...veh...]
**park** *(garden)* park
  **where can I park my car?** arabamı nereye park
  edebilirim? [-muh nereyeh...]
  **is it difficult to get parked?** yeterli park yeri var
  mı? [...muh]
**park yapılmaz** no parking
**parking ticket** park cezası [...jezasuh]
**part** parça [parcha]
  **a (spare) part** yedek parça
**partner** *(boyfriend etc)* arkadaş [arkadash]

**party** *(group)* grup
  *(celebration)* parti
  **I'm with the… party** ben… gruplayım
  […groopla-yuhm]
**pass** *(in mountain)* geçit [gecheet]
  **he's passed out** bayıldı [bayuhlduh]
**passable** *(road)* geçilebilir [gecheelebeeleer]
**passenger** yolcu [yoljoo]
**passer-by** yoldan geçen […gechen]
**passport** pasaport
**past: in the past** geçmişte [gechmeeshteh]
  **it's just past the traffic lights** trafik ışıklarından
  hemen *sonra* [trafeek uhshuhklaruhndan…]
  *go to* **time**
**path** patika
**patient: be patient** *sabırlı* olun [sabuhrluh…]
**pattern** desen
**pavement** kaldırım [kalduhruhm]
**pavement café** kaldırım kahvesi [kalduhruhm
  kaнvesee]
**pay** ödemek [urdemek]
  **can I pay, please** hesabı ödeyebilir miyim, lütfen?
  [hesabuh urdeh-yebeeleer… lewtfen]

> ✈ Turks consider it polite to insist on paying; if
>   you actually intend to pay, you may have to
>   wrest the bill from your companion.

**payphone** umumi telefon
**peace** *(calm)* huzur
  *(not war)* barış [baruhsh]
**peach** şeftali [sheftalee]
**peanuts** yerfıstığı [yerfuhstuh-uh]
**pear** armut
**peas** bezelye [bezelyeh]
**pedal** pedal

**pedestrian** yaya [ya-ya]
**pedestrian crossing** yaya geçidi [ya-ya gecheedee]

✈ Decorative rather than functional; don't expect cars to actually stop; wait until a bunch of irate locals step out as a group and stop the traffic, then cross with them. If a car flashes its lights while you're trying to cross the road, don't think it's letting you go first, as in the UK. It means I'm not going to slow down, mate.

**peg** *(for washing)* mandal
  *(for tent)* kazık [kazuhk]
**pen** mürekkepli kalem [mewrek-keplee…]
  **have you got a pen?** kaleminiz var mı? […muh]
**pencil** kurşun kalem [koorshoon…]
**penfriend** mektup arkadaşı […arkadashuh]
**penicillin** penisilin
**penknife** çakı [chakuh]
**pensioner** emekli
**people** insanlar
  **how many people?** kaç kişi? [kach keeshee]
**people carrier** minivan
**pepper** biber
  **green/red pepper** yeşil/kırmızı biber [yesheel/kuhrmuhzuh…]
**peppermint** nane [naneh]
**per: per night/week/person** bir gecesi/haftası/kişi […gejesee/haftasuh/keeshee]
**per cent** yüzde [yewzdeh]
  **10 per cent** yüzde 10
**perfect** mükemmel [mewkem-mel]
  **the perfect holiday** mükemmel tatil
**perfume** parfüm [parfewm]
**perhaps** belki
**period** *(of time)* süre [sewreh]

*(menstruation)* aybaşı [I-bashuh]
**perm** perma
**permit** *(noun)* izin
**peron** platform
**person** kişi [keeshee]
  **in person** şahsen [shahsen]
**personal stereo** walkmen® [volkmen]
**petrol** benzin
**petrol station** benzin istasyonu

---

*YOU MAY SEE*
**kurşunsuz** unleaded
**motorin** diesel

---

**pharmacy** eczane [ejzaneh]

➤ A wider selection of over-the-counter
  medicines than at home.

**phone** telefon
  **I'll phone you** sizi ararım [...araruhm]
  *(familiar)* seni ararım
  **I'll phone you back** geri ararım [...araruhm]
  **can you phone back in five minutes?** beş
  dakika sonra tekrar arar mısınız? [besh ...
  muhsuhn*uh*z]

---

  **can I speak to...?** ... ile konuşabilir miyim?
    [...eel*eh* konooshabeel*eer*...]

---

*YOU MAY HEAR*
bu numara kullanılmamaktadır *this number is
  no longer in use*
kim arıyor? *who's speaking?*
bekler misiniz? *hold on*
lütfen sinyal sesinden sonra mesajınızı
  bırakınız *please leave a message after the tone*

---

**phonebox** telefon kabini

> ✈ Most public phones take pre-paid phone
> cards;  there are also credit card phones.

**phonecall** telefon araması […aramasuh]
  **can I make a phonecall?** bir telefon edebilir
  miyim?
**phonecard** telefon kartı […kartuh]

> ✈ Cheapest from a post office, but phonecards
> are also to be got from newsagents or that
> guy standing just next to the phonebox,
> selling things.

**phone number** telefon numarası […noomarasuh]
**photograph** fotoğraf [foto-raf]
  **would you take a photograph of us/me?**
  bir fotoğrafımızı çeker misiniz? [...-uhmuhzuh
  cheker…]
**piano** piyano
**pickpocket** yankesici [-seejee]
**picture** resim
**pie** *(savoury)* börek [bur-rek]
  *(fruit)* turta
**piece** parça [parcha]
  **a piece of…** bir parça…
**pig** domuz
**pigeon** güvercin [gew-verjeen]
**pile-up** zincirleme kaza [zeenjeerlemeh…]
**pill** hap [hahp]
  **are you on the pill?** doğum kontrol hapı alıyor
  musunuz? [doh-oom…hahpuh aluhyor…]
**pillow** yastık [yastuhk]
**pin** toplu iğne […eeneh]
**pineapple** ananas
**pink** pembe [pembeh]

**pint**

> ✈ 1 pint = 0.57 litres

**pipe** *(to smoke)* pipo
  *(for water)* boru
**pistachio** antep fıstığı [...fuhstuh-uh]
**pity: it's a pity** yazık [yazuhk]
**place** yer
  **is this place taken?** bu yerin sahibi var mı?
  [...muh]
    **at my place** benim evde [...evdeh]
    **at your place** sizde [seezdeh]
    *(familiar)* sende [sendeh]
    **to his place** onun evine [...eveeneh]
**plain** *(food)* sade [sa-deh]
  *(not patterned)* düz [dewz ]
    **plain omelette** sade omlet
**plaj** beach
**plane** uçak [oochak]
**plant** bitki
**plaster** *(cast)* alçı [alchuh]
  *(sticking)* yara bandı [...banduh]
**plastic** plastik
**plastic bag** naylon torba [nI-lon...]
**plate** tabak
**platform** *(station)* peron
  **which platform please?** hangi peron lütfen?
  [...lewtfen]
**play** *(verb)* oynamak
**pleasant** hoş [hosh]
**please** lütfen [lewtfen]
  **could you please...?** lütfen...-misiniz?
  **(yes) please** lütfen [lewtfen]
**pleasure** zevk
  **it's a pleasure** benim için bir zevk [...echeen...]

**plenty: plenty of...** bol bol...
  **thank you, that's plenty** teşekkür ederim, yeterli [teshekkewr...]
**pliers** kerpeten
**plug** *(electrical)* fiş [feesh]
  *(for car)* buji [booJee]
  *(for sink)* tıkaç [tuhkach]

> ➔ Standard continental 2-pin plugs are needed.

**plum** erik
**plumber** tesisatçı [teseesatchuh]
**plus** artı [artuh]
**pm: 1pm** *öğleden sonra* saat bir [ur-leden ...saht beer]
  **7pm** *akşam* saat yedi [aksham...]
**pocket** cep [jep]
**point: could you point to it?** onu *parmağınızla gösterebilir* misiniz? [...parma-uh-nuhzla gursterebeeleer...]
  **4 point 6** dört virgül altı [...veergewl...]
**police** polis
  **get the police** polis çağırın [...cha-uhruhn]

> ➔ Dial 155; every shop will have the local number.

**policeman** polis
**police station** polis karakolu
**policewoman** polis
**polish** *(noun)* cila [jeela]
  **can you polish my shoes?** ayakkabılarımı boyar mısınız? [-buhlaruhmuh boyar muhsuhnuhz]
**polite** nazik
**polluted** kirli
**pool** *(swimming)* havuz
**poor: I'm very poor** çok fakirim [chok...]
  **poor quality** kötü kalite [kurtew kaleeteh]

**pork** domuz eti
**port** liman
  *(drink)* porto şarabı [...sharabuh]
  **to port** *(not starboard)* iskele tarafında [eeskeleh tarafuhnda]
**porter** *(in hotel)* taşıyıcı [tashuhyuhjuh]
**portrait** portre [portreh]
**Portugal** Portekiz
**posh** *(hotel etc)* lüks [lewks]
  *(people)* sosyetik
**possible** mümkün [mewmkewn]
**post** *(mail)* posta
**postbox** *(on street)* mektup kutusu
**postcard** kartpostal
**poste restante** postrestant
**post office** postane [postaneh]

> ✈ Post offices display a yellow PTT sign and in the major cities and resorts are open from 8am till late at night.

**potatoes** patates [pa-tates]
**pound** *(weight)* libre [leebreh]
  *(money)* sterlin

> ✈ pounds/11 x 5 = kilos
>
> | pounds | 1 | 3 | 5 | 6 | 7 | 8 | 9 |
> |---|---|---|---|---|---|---|---|
> | kilos | 0.45 | 1.4 | 2.3 | 2.7 | 3.2 | 3.6 | 4.1 |

**pour: it's pouring** bardaktan boşanırcasına yağıyor [...boshanuhr-jasuhna ya-uhyor]
**power cut** elektrik kesilmesi
**power point** priz
**prawns** karides
**prefer: I prefer this one** bunu tercih ediyorum [...terjeeн...]
  **I'd prefer to...** ...-i tercih ederim

**I'd prefer a...** bir... tercih ederim
**pregnant** gebe [gebeh]
**prescription** reçete [recheteh]
**present: at present** şu anda [shoo...]
  **here's a present for you** size bir hediye [seezeh
  beer hedeeyeh]
**president** (of country) cumhurbaşkanı [joomhoor-
  bashkanuh]
**press: could you press these?** bunları ütüler
  misiniz? [boonlaruh ewtewler...]
**pretty** güzel [gewzel]
  **pretty good** oldukça iyi [oldookcha...]
  **pretty expensive** oldukça pahalı [...pahaluh]
**price** fiyat
**priest** rahip
**prison** hapishane [hapees-haneh]
**private** özel [urzel]
**probably** muhtemelen [mooнtemelen]
**problem** problem
  **no problem!** sorun değil [...deh-eel]
**product** ürün [ewrewn]
**profit** kar
**programme: television programme** televizyon
  programı [...programuh]
**promise: do you promise?** söz veriyor musunuz?
  [surz...]
  **I promise** söz veriyorum
**pronounce: how do you pronounce that?**
  o nasıl denir? [...nasuhl...]
**propeller** pervane [pervaneh]
**properly** hakkıyla [hakkuhyla]
**prostitute** fahişe [faheesheh]
**protect** korumak
**protection factor** koruma faktörü [...fakturew]
**Protestant** protestan

**proud** gururlu
**public: the public** halk
**public convenience** umumi hela

✈ Very few of these; if you manage to find one, and it has an attendant, a small tip will be expected; don't expect cleanliness. Ask a café owner.

**public holiday** umumi tatil

✈ January 1st **Yılbaşı**, New Year
April 23rd **Çocuk Bayramı**, Children's Day
May 19th **Gençlik ve Spor Bayramı**, Youth and Sports Fest
August 30th **Zafer Bayramı**, Victory Day
October 29th **Cumhuriyet Bayramı**, National Day

**Şeker Bayramı** (Eid ul-Fitr) and **Kurban Bayramı** (Eid ul-Adha), are religious holidays of three and four days' duration respectively; based on the Arabic calendar, they occur at a different time every year; it can be hard to find a room in resorts near big cities during these holidays.

**pudding** puding
**pull** *(verb)* çekmek [chekmek]
  **he pulled out in front of me** arabayla önüme çıktı [arabI-la urnewmeh chuhktuh]
**pump** pompa
**puncture** lastik patlaması […patlamasuh]
**pure** saf
**purple** mor
**purse** cüzdan [jewzdan]
**push** *(verb)* itmek

**pushchair** puşet [pooshet]
**put: where can I put...?** ...-i nereye koyabilirim?
  [...nereyeh...]
**pyjamas** pijama [peeJama]

# Q [kew]

**quality** kalite [kaleeteh]
**quarantine** karantina
**quarter** çeyrek [chayrek]
  **a quarter of an hour** çeyrek saat [...saht]
  *go to* **time**
**quay** rıhtım [ruhtuhm]
**question** soru

> To turn a statement into a question, add **mi**,
> **mı, mu, mü** |vh|
>   **it's finished** bitti
>   **is it finished?** bitti mi?

**queue** *(noun)* kuyruk
**quick** çabuk [chabook]
  **that was quick** ne kadar çabuk [neh...]
**quiet** *(person, street)* sakin
  **quiet!** gürültü yapmayın! [gewrewltew yapma-yuhn]
**quite** tam
  *(fairly)* oldukça [oldookcha]
  **quite a lot** oldukça çok [...chok]

# R [reh]

**radiator** *(car, heater)* radyatör [-tur]
**radio** radyo [ra-dyo]
**rail: by rail** trenle [trenleh]
**rain** yağmur [ya-moor]
  **it's raining** yağmur yağıyor [...ya-uhyor]

**raincoat** yağmurluk [ya-moorlook]
**rape** ırza geçme [uhrza gechmeh]
**rare** nadide [nadeedeh]
  (steak) az pişmiş [...peeshmeesh]
**raspberry** ahududu
**rat** sıçan [suhchan]
**rather: I'd rather have a...** bir...tercih ederim
  [...terjeeн...]
  **I'd rather sit here** burada oturmayı tercih ederim
  [...otoorma-yuh...]
  **I'd rather not** bunu yapmamayı tercih ederim
  [...yapmama-yuh...]
  **it's rather hot** epeyi sıcak [epayee suhjak]
**raw** çiğ [chee]
**razor** (dry) ustura
  (electric) elektrikli tıraş makinesi [...tuhrash...]
**read: something to read** okuyacak bir şey
  [okooyajak beer shay]
**ready: when will it be ready?** ne zaman hazır
  olur? [neh...hazuhr...]
  **I'm not ready yet** daha hazır değilim [...deh-
  eeleem]
**real** gerçek [gerchek]
**really** gerçekten [gerchekten]
**rear-view mirror** dikiz aynası [...I-nasuh]
**reasonable** (person) makul
**receipt** fiş [feesh]
  **can I have a receipt, please?** fiş rica edebilir
  miyim? [...reeja...]
**recently** yakında [yakuhnda]
**reception** (hotel) resepsiyon
  **in reception** resepsiyonda
**receptionist** resepsiyonist
**recipe** yemek tarifi
**recommend: can you recommend...?** ...-i

tavsiye eder misiniz? [...tavseeyeh...]
**red** kırmızı [kuhrmuhzuh]
**reduction** *(in price)* indirim
**red wine** kırmızı şarap [kuhrmuhzuh sharap]
**refuse: I refuse** reddediyorum
**region** bölge [burlgeh]
**registered: I want to send this registered** bunu
  taahhütlü göndermek istiyorum [boonoo ta-
  ahhewtlew gurndermek...]
**relax: relax!** sakin olun!
**remember: don't you remember?** hatırlamıyor
  musunuz? [hatuhrlamuhyor...]
  **I don't remember** hatırlamıyorum
**rent: can I rent a car/bicycle?** bir araba/bisiklet
  kiralayabilir miyim?

> *YOU MAY HEAR*
> ne tür? *what type?*
> kaç günlüğüne? *for how many days?*
> ...-den once getirin *bring it back before ...*
> kilometer sınırı yok *unlimited mileage*

**rental car** kiralık araba [keeraluhk...]
**rep** rehber [reнber]
**repair: can you repair it?** tamir edebilir
  misiniz?
**repeat: could you repeat that?** tekrarlar mısınız?
  [...muhsuhnuhz]
**reputation** ün [ewn]
**rescue** *(verb)* kurtarmak
**reservation** rezervasyon
  **I want to make a reservation for...** ...için
  bir rezervasyon yapmak istiyorum
  [...eecheen...]
**reserve: can I reserve a seat?** bir yer ayırtabilir
  miyim? [...a-yuhrtabeeleer...]

> *YOU MAY THEN HEAR*
> ne zamana? *for what time?*
> ve adınız? *and your name is?*

**responsible** sorumlu

**rest: you keep the rest** üstü kalsın [ewstew
  kalsuhn]

**restaurant** lokanta

**retired** emekli

**return: a return to...** ...'-e bir gidiş dönüş bilet
  [...-eh geedeesh durnewsh...]

**reverse charge call** ödemeli arama [urdemelee...]

**reverse gear** geri vites

**rheumatism** romatizma

**Rhodes** Rodos

**rib** kaburga

**rice** pirinç [peereench]
  *(cooked)* pilav

**rich** *(person)* zengin

**ridiculous** gülünç [gewlewnch]

**right: that's right** doğru [doh-roo]
  **you're right** haklısınız [hakluhsuhnuhz]
    **on the right** sağda [sa-da]
    **right!** *(understood)* tamam

**ring** *(on finger)* yüzük [yewzewk]

**ripe** olgun

**rip-off: it's a rip-off** tam bir kazık [...kazuhk]

**river** nehir

**road** yol
    **which is the road to...?** ...'-e giden yol hangisi?
    [...-eh...]

**road map** karayolu haritası [kara-yoloo hareetasuh]

**rob: I've been robbed** soyuldum

**rock** kaya [ka-ya]

**roll** *(bread)* sandviç ekmeği [sandveech ekmeh-ee]

**romantic** romantik
**roof** dam [dahm]
**roof box** araç üstü bagaj [arach ewstew bagaJ]
**roof rack** port-bagaj [port-bagaJ]
**room** *(in hotel)* oda

> **have you got a single/double room?** tek/iki
> kişilik odanız var mı? […keesheeleek odanuhz var
> muh]

---

> **for one night** bir gece için […gejeh
>   eecheen]
> **for three nights** üç gece için [ewch…]

---

> *YOU MAY THEN HEAR*
> maalesef otel dolu *sorry, we're full*
> banyolu mu, banyosuz mu? *with bath or*
>   *without bath?*
> kaç gece için? *for how many nights?*
> kaç kişilik *for how many people?*

---

**room service** oda servisi
**rope** halat
**rose** gül [gewl]
**rough** *(sea)* kaba dalgalı […dalgaluh]
**roughly** *(approx)* kabaca [kabajah]
**round** *(circular)* yuvarlak
  **it's my round** sıra bende [suhra bendeh]
**roundabout** *(on road)* döner kavşak [durneh
  kavshak]
**route** güzergah [gewzergaн]
  **which is the prettiest/fastest route?** en güzel
  manzaralı/en çabuk yol hangisi? [en gewzel -luh/en
  chabook…]
**rowing boat** sandal
**rubber** *(material)* lastik
  *(eraser)* silgi

**rubber band** lastik
**rubbish** *(waste)* çöp [churp]
  *(poor quality goods)* döküntü [durkewntew]
    **rubbish!** saçma! [sachma]
**rucksack** sırt çantası [suhrt chantasuh]
**rudder** dümen [dewmen]
**rude** kaba
**rug** kilim
**ruin** harabe [harabeh]
**rum** rom
    **rum and coke** rom ve kola [...veh...]
**Romania** Romanya
**run: hurry, run!** çabuk, koş! [chabook kosh]
    **I've run out of petrol/money** benzinim/param
    bitti
**Russia** Rusya [roosya]

# S [seh]

**sad** üzgün [ewzgewn]
**safe** *(not in danger)* emniyette [emnee-yetteh]
    *(not dangerous)* emniyetli
    **will it be safe here?** emniyette olur mu?
**safety** emniyet
**safety pin** çengelli iğne [chengellee eeneh]
**sağa dönülmez** no right turn
**sahil yolu** coast road
**sail** yelken
    **can we go sailing?** yelkenliyle gezebilir miyiz?
    [yelkenleeyleh...]
**sailboard** rüzgar sörfü [rewzgar surfew]
**sailboarding: to go sailboarding** rüzgar sörfü
    yapmak [rewzgar surfew...]
**sailor** denizci [deneezjee]
    *(sport)* gemi adamı [...adamuh]

**salad** salata
**salami** salam
**sale: is it for sale?** bu satılık mı? [...satuhluhk muh]
**salmon** somon balığı [...baluh-uh]
**salt** tuz
**same** aynı [Inuh]
  **the same again, please** bir tane daha, lütfen
  [...taneh...lewtfen]
  **it's all the same to me** benim için hepsi bir
  [...eecheen...]
**sand** kum
**sandals** sandalet
**sandwich** sandviç [sandveech]
  **a ham/cheese sandwich** jambonlu/peynirli
  sandviç [Jambonloo/payneerlee...]
**sanitary towels** ped
**satisfactory** yeterli
**Saturday** Cumartesi [joomartesee]
**sauce** sos
**saucepan** tencere [tenjereh]
**sausage** sosis
**say** demek
  **how do you say...in Turkish?** Türkçe...nasıl
  denir? [tewrkcheh...nasuhl...]
  **what did he say?** ne dedi? [neh...]
**scarf** atkı [atkuh]
  *(for head)* eşarp [esharp]
  *(silk etc)* fular
**scenery** manzara
**schedule** tarife [tareefeh]
  *(programme)* program
  **on schedule** vaktinde [vakteendeh]
  **behind schedule** gecikmeli [gejeekmelee]
**scheduled flight** tarifeli sefer
**school** okul

**scissors: a pair of scissors** makas
**scooter** *(motorized)* skuter
**scorpion** akrep
**Scotland** İskoçya [eeskochya]
**Scottish** İskoç [eeskoch]
**scream** *(verb)* çığlık atmak [chuh-luhk...]
  *(noun)* çığlık
**screw** *(noun)* vida
**screwdriver** tornavida
**sea** deniz
  **by the sea** deniz kıyısında [...kuhyuh-suhnda]
**seafood** deniz ürünleri [...ewrewnleree]
**seans** performance
**search** *(verb)* aramak
**search party** arama ekibi
**seasick: I get seasick** beni deniz tutar
**seaside** deniz kenarı [...kenaruh]
  **let's go to the seaside** hadi deniz kenarına
  gidelim [...kenaruhna...]
**season** mevsim
  **in the high season** yüksek sezonda [yewksek
  -da]
  **in the low season** sezon dışında [...duhshunda]
**seasoning** baharat
**seat** oturacak yer [otoorajak...]
  **is this somebody's seat?** bu yerin sahibi var mı?
  [...muh]
**seat belt** emniyet kemeri

✈ Compulsory only for the front seats.

**sea-urchin** deniz kestanesi
**seaweed** yosun
**second** *(adjective)* ikinci [eekeenjee]
  *(of time)* saniye [saneeyeh]
**secondhand** ikinci el [eekeenjee...]

**see** görmek [gurmek]
  **have you seen...?** ...-i gördünüz mü?
  [...gurdewnewz mew]
  **can I see the room?** odayı görebilir miyim? [oda-
  yuh gurebeeleer...]
  **see you!** görüşürüz! [gurewshewrewz]
  **see you tonight** bu gece görüşmek üzere
  [...gejeh gurewshmek ewzereh]
  **oh, I see** şimdi anladım [sheemdee anladuhm]
**şehiriçi** local mail
**şehirlerarası konuşma** long-distance call
**şehir merkezi** city centre
**self-catering apartment** apart daire [...da-eereh]
**self-service** self servis
**sell** satmak
**sell-by date** son satış tarihi [...satuhsh tareehee]
**send** göndermek [gurndermek]
  **I want to send this to England** bunu
  İngiltere'ye göndermek istiyorum [boonoo
  eengeeltere'yeh...]
**sensitive** hassas
**separate** *(adjective)* ayrı [I-ruh]
  **I'm separated** eşimden ayrıldım [esheemden
  I-ruhlduhm]
**separately: can we pay separately?** ayrı ayrı
  ödeyebilir miyiz? [I-ruh...urdeh-yebeeleer...]
**September** Eylül [aylewl]
**serious** ciddi [jeeddee]
  **I'm serious** ciddiyim [-yeem]
  **this is serious** bu ciddi
  **is it serious, doctor?** ciddi bir durum mu, doktor?
**sert viraj** sharp bend
**service: is service included?** servis dahil mi?
  [...daнeel...]
**service station** benzin istasyonu

**services** *(on motorway)* mola tesisleri
**servis dahildir** service charge included
**serviette** peçete [pecheteh]
**several** birkaç [beerkach]
**sex** seks
**sexy** cazibeli [jazeebelee]
**seyahat çekleri** traveller's cheques
**shade: in the shade** gölgede [gurlgedeh]
**shake** sallamak
   **to shake hands** el sıkışmak [...suh-kuhshmak]

> ✈ If you're a male, don't go to shake hands with
> a woman wearing a headscarf.

**shallow** sığ [suh]
**shame: what a shame!** ne yazık! [neh yazuhk]
**shampoo** şampuan [shampoo-an]
**shandy** gazozlu bira
**share** *(room, table)* paylaşmak [pI-lashmak]
**shark** köpek balığı [kurpek baluh-uh]
**sharp** keskin
  *(pain)* şiddetli [sheedetlee]
**shave** tıraş olmak [tuhrash...]
**shaver** tıraş makinesi [tuhrash...]
**shaving foam** tıraş köpüğü [tuhrash kurpew-ew]
**shaving point** tıraş makinesi prizi [tuhrash...]
**she** o

> If no special emphasis is needed Turkish omits
> the word for 'she'.
>   **she has gone** gitti

**sheet** çarşaf [charshaf]
**shelf** raf
**shell** *(sea-)* deniz kabuğu [...kaboo-oo]
**shellfish** kabuklu deniz ürünleri [...ewrewnleree]
**shelter** sığınak [suh-uhnak]

**can we shelter here?** buraya sığınabilir miyiz?
[boora-ya suh-uhnabeeleer...]
**sherry** şeri [sheree]
**ship** gemi
**shirt** gömlek [gurmlek]
**shit!** Allah kahretsin! [allaн kaнretseen]
**shock** şok [shok]
  **I got an electric shock from the...** ...-den
  elektrik çarptı [...charptuh]
**shock-absorber** amortisör [amorteesur]
**shoelaces** ayakkabı bağı [a-yakkabuh ba-uh]
**shoes** ayakkabı [a-yakkabuh]

| ✈ men: | | | | 40 | 41 | 42 | 43 | 44 | 45 |
|---|---|---|---|---|---|---|---|---|---|
| women: | 36 | 37 | 38 | 39 | 40 | 41 | | | |
| UK: | 3 | 4 | 5 | 6 | 7 | 8 | 9 | 10 | 11 |

**shop** dükkan [dewkkan]
  **I've some shopping to do** biraz alışveriş
  yapmam lazım [...aluhsh-vereesh...lahzuhm]

> ✈ Leather goods, copper, silver, glassware and
> jewellery are good buys in Turkey – check the
> level of your import allowance.

**shop assistant** tezgahtar [tezgaнtar]
**short** kısa [kuhsa]
**short cut** kestirme [kesteermeh]
**shorts** şort [short]
**shoulder** omuz
**shout** bağırmak [ba-uhrmak]
**show: please show me** lütfen bana gösterin
  [lewtfen...gurstereen]
**shower: with shower** duşlu [dooshloo]
**shrimps** karides
**shut** kapatmak
  **they're shut** kapalılar [kapaluhlar]

**when do you shut?** saat kaçta kapatıyorsunuz?
[saht kachta kapatuhyorsoonooz]
**shut up!** sus!
**shy** çekingen [chekeengen]
**sıcak su** hot water
**sick** hasta
  **I feel sick** midem bulanıyor [...boolanuhyor]
  **he's been sick** *(has vomited)* kustu
**side** yan
  **by the side of the road** yolun kıyısında
  [...kuhyuh-suhnda]
**side street** kenar sokak
**sigara içenler** smokers
**sigara içilmez** no smoking
**sigara içmeyenler** non-smokers
**sight: the sights of... ...**-nin görmeye değer yerleri
  [...gurmay-eh deh-er...]
**sightseeing tour** tur
**sign** *(notice)* işaret [eesharet]
**signal: he didn't signal** sinyal vermedi
**signature** imza
**silence** sessizlik
**silencer** susturucu [soostooroojoo]
**silk** ipek
**silly** *(person)* salak
  *(thing to do)* saçma [sachma]
**silver** gümüş [gewmewsh]
**similar** benzer
**simple** basit
**since: since last week** geçen haftadan beri
  [gechen...]
  **since we arrived** buraya geldiğimizden beri
  [boora-ya geldee-eemeezden...]
  *(because)* çünkü [chewnkew]
**sincere** içten [eechten]

**sing** şarkı söylemek [sharkuh surylemek]
**single: I'm single** bekarım [bekaruhm]
  *(no partner)* yalnızım [yalnuhzuhm]
  **a single to...** ...-e tek gidiş bir bilet
  [...geedeesh...]
**single room** tek kişilik oda [...keesheeleek...]
**sister** kız kardeş [kuhz kardesh]
  **my sister** kız kardeşim [kuhz kardesheem]
**sit: can I sit here?** buraya oturabilir miyim? [boora-
  ya...]
**size** beden
  *(of shoes)* numara
**skid** kaymak [kImak]
**skin** cilt [jeelt]
**skin-diving** tüpsüz dalış [tewpsewz daluhsh]
**skirt** etek
**sky** gök [gurk]
**sleep** uyumak
  **I can't sleep** uyuyamıyorum [ooyooya-
  muhyoroom]
**sleeper** *(rail)* yataklı vagon [yatakluh...]
**sleeping bag** uyku tulumu
**sleeping pill** uyku ilacı [...eelajuh]
**sleeve** yen
**slide** *(photo)* slayt [slIt]
**slow** yavaş [yavash]
  **could you speak a little slower?** biraz daha
  yavaş konuşabilir misiniz?
  [...konooshabeeleer...]
**slowly** yavaşça [yavash-cha]
**small** küçük [kewchewk]
  **smaller notes** daha ufak kağıt para [...ka-uht...]
**small change** bozuk para
**smell: there's a funny smell** garip bir koku var
  **it smells** kötü kokuyor [kurtew...]

**smile** (verb) gülümseme [gewlewm-semeh]
**smoke** (noun) duman
  **do you smoke?** sigara içiyor musunuz?
  [...eecheeyor...]
  **can I smoke?** sigara içebilir miyim?
  [...eechebeeleer...]

> ✈ Finding separate non-smoking areas in
> bars, cafés and restaurants can be difficult.
> Everybody smokes.

**snack: can we just have a snack?** sadece ufak bir
şey yiyebilir miyiz? [sadejeh...shay]

> ✈ Try a toastie **tost** with **sucuk** [soojook] (like a
> pepperoni); lots of nuts too.

**snake** yılan [yuhlan]
**snorkel** şnorkel [shnorkel]
**snow** kar
**so: it's so hot today** bugün *çok* sıcak [boogewn
chok suhjak]
  **not so much** o kadar fazla değil [...deh-eel]
  **so am/do I** ben de [...deh]
**soap** sabun
**soap powder** sabun tozu
**sober** ayık [a-yuhk]
**socks** çorap [chorap]
**soda (water)** maden sodası [ma-den sodasuh]
**soft drink** alkolsüz içki [-sewz eechkee]
**software** yazılım [yazuhluhm]
**soğuk su** cold water
**sola dönülmez** no left turn
**sole** (of shoe, foot) taban
**some: can I have some?** biraz alabilir miyim?
  **can I have some grapes/some bread?** biraz
  üzüm/biraz ekmek alabilir miyim? [...ewzewm...]

**some people** *bazı*ları [bazuhlaruh]

**somebody** birisi [beereesee]

**something** bir şey [...shay]

   **something to eat** yiyecek bir şey [yee-yejek beer shay]

**sometimes** bazen

**somewhere** bir yerde [...yerdeh]

**son** oğlu [o-loo]

   **my son** oğlum [o-loom]

**song** şarkı [sharkuh]

**son kullanma tarihi** use before

**soon** yakında [yakuhnda]

   **as soon as possible** mümkün olduğu kadar çabuk [mewmkewn oldoo-oo...chabook]

   **sooner** daha çabuk [...chabook]

**sore: it's sore** acıyor [ajuhyor]

**sore throat** boğaz ağrısı [bo-az a-ruhsuh]

**sorry: (I'm) sorry** özür dilerim [urzewr...]

   **sorry?** efendim?

**sort: this sort** bu tür [...tewr]

   **what sort of...?** ne tür...? [neh...]

**so-so** şöyle böyle [shuryleh buryleh]

**soup** çorba [chorba]

**sour** ekşi [ekshee]

**south** güney [gewnay]

**souvenir** hatıra [hatuhra]

**spade** kürek [kewrek]

**Spain** İspanya [eespanya]

**spanner** somun anahtarı [...anаHtaruh]

**spare part** yedek parça [...parcha]

**spare wheel** yedek lastik

**spark plug** buji [booJee]

**speak** konuşmak [konooshmak]

   **do you speak English?** İngilizce biliyor musunuz? [eengeeleezjeh...]

**I don't speak Turkish** Türkçe bilmiyorum
[tewrkcheh...]

**special** özel [urzel]

**specialist** uzman

**spectacles** gözlük [gurzlewk]

**speed** hız [huhz]

**he was speeding** fazla hız yapıyordu [...huhz
yapuhyordoo]

**speed limit** hız sınırı [huhz suhnuhruh]

**speedometer** hızölçer [huhzurlcher]

**spend** (money) harcamak [harjamak]

**spice** baharat

**is it spicy?** baharatlı mı? [-luh muh]

**spider** örümcek [ur-rewmjek]

**spoon** kaşık [kashuhk]

**sprain: I've sprained my...** ...-m burkuldu

**spring** (of car, seat) yay [yI]
(season) ilkbahar

**square** (in town) meydan [maydan]

**two square metres** 2 metre kare [eekee metreh
kareh]

**stairs** merdiven

**stalls** parter

**stamp** pul

**two stamps for England** İngiltere'ye iki pul
[-yeh...]

**stand-by: to fly stand-by** standby uçmak
[...oochmak]

**star** yıldız [yuhlduhz]

**starboard** sancak [sanjak]

**start: when does it start?** ne zaman başlayacak?
[neh...bashla-yajak]

**my car won't start** arabam çalışmıyor
[...chaluhsh-muhyor]

**starter** (of car) marş [marsh]

*(food)* ordövr [ordurvr]

**starving: I'm starving** çok acıktım [chok ajuhktuhm]

**station** istasyon

**statue** heykel [haykel]

**stay** kalış [kaluhsh]

  **we enjoyed our stay** ziyaretimiz çok iyi geçti [...chok eeyee gechtee]

  **stay there** orada durun

  **I'm staying at...** ...-de kalıyorum [...-deh kaluhyoroom]

**steak** biftek

> ✈ Turkish restaurants will serve you your steak a lot thinner and more well-done than you are used to.

---

*YOU MAY HEAR*
iyi pişmiş *well done*
orta pişmiş *medium*
az pişmiş *rare*

---

**steal: my wallet's been stolen** cüzdanım çalındı [jewzdanuhm chaluhnduh]

**steep** dik

**steering** direksiyon sistemi

**steering wheel** direksiyon

**step** *(of stairs)* basamak

**sterling** sterlin

**stewardess** hostes

**sticking plaster** plaster

**sticky** yapışkan [yapuhshkan]

**stiff** sert

**still: keep still** kımıldamayın [kuhmuhl-dama-yuhn]

  **I'm still here** *hala* buradayım [...boorada-yuhm]

  **I'm still waiting** hala bekliyorum

**sting: I've been stung** beni böcek soktu
[...burjek...]
**stink** pis koku
  **it stinks** berbat kokuyor
**stomach** mide [meedeh]
  **have you got something for an upset
  stomach?** mide bozulmasına karşı bir ilaç var
  mı? [...bozoolmasuhna karshuh beer eelach var
  muh]
**stomach-ache: I have a stomach-ache** midem
  ağrıyor [...a-ruhyor]
**stone** (rock) taş [tash]

> ✈ 1 stone = 6.35 kilos

**stop** (for buses) durak
  **stop!** dur!
  **do you stop near...?** ... yakınında duruyor
  musunuz? [yakuhnuhnda...]
  **could you stop here?** inecek var [eenejek...]
**stop-over** bir gecelik mola [...gejeleek...]
  **can we make a stop-over in Ankara?** Ankara'da
  mola verebilir miyiz?
**storm** fırtına [fuhrtuhna]
**straight** düz [dewz]
  **go straight on** düz gidin
  **a straight whisky** sek viski
**straightaway** hemen şimdi [hehmen sheemdee]
**strange** (odd) acayip [aja-yeep]
  (unknown) yabancı [yabanjuh]
  **I'm a stranger here** buranın yabancısıyım
  [booranuhn yabanjuh-suhyuhm]
**strawberry** çilek [cheelek]
**street** sokak
**street map** şehir planı [sheh-eer planuh]
**string** ip

**stroke: he's had a stroke** felç geçirdi [felch gecheerdee]

**strong** güçlü [gewchlew]

(drink) sert

**stuck** (drawer etc) sıkışmış [suhkuhshmuhsh]

**student** öğrenci [ur-renjee]

**stupid** aptal

**subtitles** altyazı [altyazuh]

**such: such a lot** ne kadar fazla [neh...]

**suddenly** aniden

**sugar** şeker [sheker]

**sugared almonds** badem şekeri [...shekeree]

**suit** (man's) takım [takuhm]

(woman's) tayyör [tI-yur]

**suitable** uygun

**suitcase** bavul

**summer** yaz

**sun** güneş [gewnesh]

**in the sun** güneşte [-teh]

**out of the sun** gölgede [gurlgedeh]

**sunbathe** güneş banyosu yapmak [gewnesh...]

**sun block** güneş kremi [gewnesh...]

**sunburn** güneş yanığı [gewnesh yanuh-uh]

**sun cream** güneş kremi [gewnesh...]

**Sunday** Pazar

**sunglasses** güneş gözlüğü [gewnesh gurzlew-ew]

**sun lounger** şezlong [shezlong]

**sunstroke** güneş çarpması [gewnesh charpmasuh]

**suntan** bronz ten

**suntan oil** güneş yağı [gewnesh ya-uh]

**supermarket** süpermarket [sewpermarket]

**supper** akşam yemeği [aksham yemeh-ee]

**sure: I'm not sure** emin değilim [...deh-eeleem]

**are you sure?** emin misiniz?

**sure!** tabii!

**surfboard** sörf tahtası [surf tahtasuh]
**surfing: to go surfing** sörf yapmaya gitmek [surf yapma-ya…]
**surname** soyadı [soyaduh]
**swearword** küfür [kewfewr]
**sweat** *(verb)* terlemek
**sweater** kazak
**sweet** *(dessert)* tatlı [tatluh]
  **it's too sweet** aşırı tatlı [ashuhruh…]
**sweets** şeker [sheker]
**swim: I'm going for a swim** yüzmeye gidiyorum [yewzmayeh…]
  **I can't swim** yüzme bilmiyorum [yewzmeh…]
  **let's go for a swim** yüzmeye gidelim
**swimming costume** mayo [ma-yo]
**swimming pool** havuz
**switch** *(noun)* elektrik düğmesi […dewmesee]
  **to switch on** açmak [achmak]
  **to switch off** kapamak
**Syria** Suriye [sooreeyeh]

# T [teh]

**table** masa
  **a table for four** dört kişilik bir masa [durt keesheeleek…]
**table wine** sofra şarabı […sharabuh]
**take** almak
  **can I take this (with me)?** bunu alabilir miyim?
  **will you take me to the airport?** beni hava limanına götürür müsünüz? […leemanuhna gurtew-rewr mewsewnewz]
  **how long will it take?** ne kadar sürer? [neh… sewrer]
  **somebody has taken my bags** birisi bavullarımı

almış [...bavool-laruhmuh almuhsh]
**can I take you out tonight?** bu gece benimle
çıkar mısınız? [...gejeh beneemleh chuhkar
muhsuhnuhz]
**is this seat taken?** burada oturan var mı?
[...muh]
**I'll take it** bunu alıyorum [...aluhyoroom]
**talk** *(verb)* konuşmak [konooshmak]
**tall** *(person)* uzun boylu
*(building)* yüksek [yewksek]
**tam pansiyon** full board
**tampons** tampon
**tan** *(noun)* bronz ten
  **I want to get a tan** bronzlaşmak istiyorum
  [-lashmak...]
**tank** *(of car)* depo
**tap** musluk
**tape** *(cassette)* teyp [tayp]
**tape-recorder** teyp [tayp]
**tariff** tarife [tareefeh]
**taste** *(noun)* tat
  *(in clothes etc)* zevk
  **can I taste it?** tadına bakabilir miyim?
  [taduhna...]
**taxi** taksi
  **will you get me a taxi?** bana bir taksi bulur
  musunuz?
  **where can I get a taxi?** nerede bir taksi
  bulabilirim? [neredeh...]

✈ In big cities there are also shared taxis called
  **dolmuş** [dolmoosh]; they operate like buses
  with a fixed route and fixed fare.

**taxi-driver** taksi şoförü [...shofurew]
**TC, Türkiye Cumhuriyeti** Republic of Turkey

**TCDD, Türkiye Cumhuriyeti Devlet Demiryolları** Turkish State Railways

tea çay [chI]
  **could I have a cup of tea?** bir fincan çay lütfen [...feenjan...lewtfen]
  **could I have a pot of tea?** bir demlik çay lütfen
  **with milk/lemon** sütlü/limonlu [sewtlew...]

> ✈ Turkish tea is very strong and comes served in small glasses; you'll be offered an enormous number of glasses of tea wherever you go. If you want weaker tea ask for **açık çay** [achuhk].

teach: **could you teach me some Turkish?** bana biraz Türkçe öğretir misiniz? [...tewrkcheh ur-reteer...]
teacher öğretmen [ur-retmen]
telephone telefon
  *go to* **phone**
telephone directory telefon rehberi [...reHberee]
television televizyon
tell: **could you tell me where...?** bana... nerede söyleyebilir misiniz? [...neredeh surylay-ebeeleer...]
  **could you tell him...?** ona...-ini söyler misiniz? [...-eenee suryler...]
  **I told him that...** ona...-ini söyledim [...suryledeem]
temperature *(weather etc)* sıcaklık [suhjakluhk]
  **he's got a temperature** ateşi var [ateshee...]
temple tapınak [tapuhnak]
tennis tenis
tennis ball tenis topu
tennis court tenis kortu
tennis racket tenis raketi
tent çadır [chaduhr]

**terminus** son istasyon
**terrible** berbat
**terrific** müthiş [mewt-heesh]
**text: I'll text you** size mesaj atarım [seezeh mesaJ ataruhm]
**text message** cep mesajı [jep mesaJuh]
**than** -dan/-den daha | vh |
  **bigger than...** ...-dan/-den daha büyük [...bewyewk]
**thanks, thank you** teşekkür ederim [teshekkewr...]
  **thank you very much** çok teşekkür ederim [chok...]
  **no thank you** hayır, teşekkür ederim [ha-yuhr...]
  **thank you for your help** yardımınız için teşekkür ederim [yarduhmuhnuhz eecheen...]

> *YOU MAY THEN HEAR*
> bir şey değil *you're welcome*

**that** o
  *(close by)* şu [shoo]
  **that man/that table** o adam/o masa
  **I would like that one** onu rica edeyim [...reeja...]
  **and that?** ya bu?
  **I think that...** düşünüyorum ki... [dewshew-newyoroom...]
**the**

> Turkish does not have or need a word for 'the'.
> So, for example:
>
> **where's the key?**
> anahtar nerede?
> *(literally: key where?)*

**theatre** tiyatro

**their**

> Add -leri or -ları [vh].
>
> | **hotel** | otel |
> |---|---|
> | **their hotel** | otelleri |
> | **drink** | içki |
> | **their drinks** | içkileri |
>
> For emphasis add onların as well:
> **their children** onların çocukları

**theirs: it's theirs** bu onlarınki […onlaruhnkee]

**them** onları [onlaruh]
  **I've lost them** onları kaybettim […kI-betteem]
  **I sent it to them** onu onlara gönderdim
  […gurnderdeem]
  **for them** onlar için […eecheen]
  **with them** onlarla
  **who? – them** kim? – onlar

**then** (at that time) o zaman
  (after that) ondan sonra

**there** orası [orasuh]
  **how do I get there?** oraya nasıl gidebilirim? [ora-
  ya nasuhl…]
  **is there/are there…?** …var mı? […muh]
  **there is/there are…** …var
  **there isn't/there aren't…** …yok
  **there you are** (giving something) buyrun
  [booyroon]

**these** bunlar
  **these apples** bu elmalar
  **can I take these?** bunları alabilir miyim? [-ruh…]

**they** onlar

> If no special emphasis is needed Turkish omits
> the word for 'they'.
> **they've gone** gittiler

**thick** *(cloth, wall)* kalın [kaluhn]
  *(stupid)* kalınkafalı [kaluhnkafaluh]
**thief** hırsız [huhrsuhz]
**thigh** but
**thin** *(cloth, hair)* ince [eenjeh]
**thing** şey [shay]
  **I've lost all my things** herşeyimi kaybettim
  [hehrshay-eemee kI-]
**think** düşünmek [dewshewnmek]
  **I'll think it over** düşüneceğim [-ejeh-eem]
  **I think so** katılıyorum [katuhluhyoroom]
  **I don't think so** katılmıyorum
  [katuhlmuhyoroom]
**third** *(adjective)* üçüncü [ewchewnjew]
**thirsty: I'm thirsty** susadım [soosaduhm]
**this** bu
  **this hotel/this street** bu otel/bu sokak
  **can I have this one?** bunu rica edebilir miyim?
  [...reeja...]
  **this is my wife/this is Mr...** bu eşim/bu Mr...
  [...esheem...]
  **this is very good** bu çok iyi [...chok eeyee]
  **this is...** *(on telephone)* ben...
  **is this...?** bu...mu?
**those** onlar
  **no, not these, those!** bunlar değil, onlar [...deh-
  eel...]
  **how much are those?** onlar ne kadar [...neh...]
**thread** *(noun)* iplik
**throat** boğaz [bo-az]
**throttle** *(of motorbike, boat)* gaz
**through** *(across)* içinden [eecheenden]
  **through Ankara** Ankara'nın içinden
  [ankaranuhn...]
  **it's through there** şurada [shoorada]

**throw** (verb) atmak
**thumb** başparmak [bashparmak]
**thunder** gök gürültüsü [gurk gewrewl-tewsew]
**thunderstorm** gök gürültülü fırtına [gurk -lew fuhrtuhna]
**Thursday** Perşembe [pershembeh]
**THY, Türk Hava Yolları** Turkish Airlines
**ticket** bilet
**tie** (necktie) kravat
**tight** (clothes, budget) dar
**tights** (pair) külotlu çorap [kewlotloo chorap]
**time** zaman
  **I haven't got time** vaktim yok
  **for the time being** şimdilik [sheemdeeleek]
  **this time/last time/next time** bu sefer/geçen sefer/gelecek sefer [.../gechen.../gelejek...]
  **three times** 3 defa
  **have a good time!** iyi eğlenceler [...eh-lenjeler]
  **what's the time?** saat kaç? [saht kach]

---

*HOW TO TELL THE TIME*
  **it's one o'clock** saat bir [saht...]
  **it's two/three/four o'clock** saat iki/üç/dört [...ewch/durt]
  **it's 5/10/20/25 past seven** yediyi 5/10/20/25 *geçiyor* [...gecheeyor]
  **it's quarter past eight/eight fifteen** sekizi *çeyrek* geçiyor/sekiz on beş [...chayrek...besh]
  **it's half past nine/nine thirty** dokuz *buçuk*/dokuz otuz [...boochook...]
  **it's 25/20 to ten** ona 25/20 *var*
  **it's 10/5 to ten** ona 10/5 var
  **it's quarter to eleven/10.45** on bire çeyrek var/on kırk beş [...kuhrk...]
  **it's twelve o'clock (am/pm)** saat on iki

> **it's 12.10 (pm)** saat (gece) on ikiyi on geçiyor
> **at...** -de, -da vh
> **at one o'clock** saat birde [...beerdeh]
> **at three thirty** üç buçukta
> **at two/three** ikide/üçte

**timetable** tarife [tareefeh]
**tin** *(can)* konserve kutusu [konserveh...]
**tin-opener** konserve açacağı [konserveh achaja-uh]
**tip** bahşiş [baн-sheesh]
  **is the tip included?** bahşiş dahil mi? [...daнeel...]

> ✈ Service is seldom included; tip an average of 10% in restaurants; there is no need to tip taxi-drivers, but do tip cinema usherettes.

**tired** yorgun
  **I'm tired** yorgunum
**tissues** kağıt mendil [ka-uht...]
**to: to Antalya/England** Antalya'ya/İngiltere'ye [antalya'ya/eengeeltereh'yeh]
  **to Hasan's** Hasan'a
  *go to* time
**toast** *(piece of)* kızarmış ekmek [kuhzarmuhsh...]
**tobacco** tütün [tewtewn]
**today** bugün [boogewn]
**toe** ayak parmağı [a-yak parma-uh]
**together** beraber
  **we're together** beraberiz
  **can we pay all together?** hesabı beraber ödeyebilir miyiz? [hesabuh...urdeh-yebeeleer...]
**toilet** tuvalet
  **where are the toilets?** tuvaletler nerede? [...neredeh]
  **I have to go to the toilet** tuvalete gitmem lazım

[-eh…lahzuhm]

✈ Especially in the country, you may find squat toilets – just a hole at ground level with two places for your feet on either side.

**toilet paper: there's no toilet paper** tuvalet kağıdı yok […ka-uhduh…]

**tomato** domates

**tomato juice** domates suyu

**tomato ketchup** ketçap [ketchap]

**tomorrow** yarın [yaruhn]

**tomorrow morning** yarın sabah […sabaн]

**tomorrow afternoon** yarın öğleden sonra […urleden…]

**tomorrow evening** yarın akşam […aksham]

**the day after tomorrow** öbür gün [urbewr gewn]

**see you tomorrow** yarın görüşürüz […gurewshewrewz]

**tongue** dil

**tonic (water)** tonik

**tonight** bu gece […gejeh]

**tonsillitis** bademcik iltihabı [badem-jeek eelteehabuh]

**too** fazla

*(also)* de, da [deh] vh

**that's too much** bu çok fazla […chok…]

**me too** ben de

**tool** alet

**tooth** diş [deesh]

**toothache: I've got toothache** dişim ağrıyor [deesheem a-ruhyor]

**toothbrush** diş fırçası [deesh fuhrchasuh]

**toothpaste** diş macunu [deesh majoonoo]

**top: on top of…** …-in üstünde […ewstewndeh]

**on the top floor** en üst katta [...ewst...]
**at the top** üstte [-teh]
**torch** el feneri
**total** toplam
**tough** (meat) sert
**tour** (noun) tur
(of museum, gallery) gezi
**we'd like to go on a tour of...** ...turuna çıkmak
istiyoruz [...chuhkmak...]
**we'd like to go on a tour of the island** adayı
gezmek istiyoruz [ada-yuh...]
**we're touring around** geziyoruz
**tourist** turist
**tourist office** turist bürosu [...bewrosoo]
**tow** (verb) yedekte çekmek [yedekteh chekmek]
**towards** -e doğru [...eh doh-roo]
**he was coming straight towards me** tam
üstüme doğru geliyordu [...ewstewmeh...]
**towel** havlu
**town** şehir [sheh-eer]
(smaller) kent
**in town** şehirde [sheh-eerdeh]
**would you take me into town?** beni şehire
götürebilir misiniz? [...sheh-eereh gurtew-
rebeeleer...]
**towrope** çekme halatı [chekmeh halatuh]
**traditional** geleneksel
**a traditional Turkish meal** geleneksel bir Türk
yemeği [...tewrk yemeh-ee]
**traffic** trafik
**traffic jam** trafik tıkanıklığı [...tuhkanuhkluh-uh]
**traffic lights** trafik ışıkları [...uhshuhk-laruh]
**train** tren

✈ Buses are very comfortable.

**trainers** spor ayakkabısı [...a-yakkabuhsuh]

**train station** tren istasyonu

**tranquillizers** yatıştırıcı ilaç [yatuhsh-tuhruhjuh eelach]

**translate** tercüme etmek [terjewmeh...]

**would you translate that for me?** bunu tercüme edebilir misiniz?

**travel** seyahat [seh-yahat]

**travel agent's** seyahat acentesi [seh-yahat ajentesee]

**traveller's cheque** seyahat çeki [seh-yahat chekee]

✈ Changing traveller's cheques outside of the main tourist areas won't be easy or cheap.

**tree** ağaç [a-ach]

**tremendous** *(very good)* muazzam

**trim: just a trim, please** lütfen yalnız uçlarından biraz alın [lewtfen yalnuhz oochlaruhndan...aluhn]

**trip** *(journey)* yolculuk [yoljoolook]

*(outing)* gezi

**we want to go on a trip to...** ...-'e bir gezi yapmak istiyoruz

**trouble** *(noun)* dert

**I'm having trouble with...** ...ile başım dertte [...eeleh bashuhm dertteh]

**trousers** pantalon

**trout** alabalık [alabaluhk]

**true** gerçek [gerchek]

**it's not true** bu doğru değil [...doh-roo deh-eel]

**trunks** *(swimming)* mayo [ma-yo]

**try** denemek

**can I try it on?** üstümde deneyebilir miyim [ewstewmdeh...]

**T-shirt** tişört [teeshurt]

**Tuesday** Salı [saluh]

**tunnel** tünel [tewnel]
**Turk** Türk [tewrk]
**Turkey** Türkiye [tewrkeeyeh]
**Turkish** Türk [tewrk]
　*(language)* Türkçe [tewrkcheh]
**Turkish baths** hamam
**Turkish coffee** Türk kahvesi [tewrk kaнvesee]
　*go to* **coffee**
**Turkish Cypriot** Kıbrıslı Türk [kuhbruhsluh tewrk]
**Turkish delight** lokum
**turn: where do we turn off?** nereden sapacağız?
　[...sapaja-uhz]
**tuvalet** toilet
**twice** iki kere [...kereh]
　**twice as much** iki misli
**twin beds** ikiz yatak
**twin room** çift yataklı oda [cheeft yatakluh...]
**typical** tipik
**tyre** lastik
　**I need a new tyre** bana yeni bir lastik lazım
　[...lahzuhm ]

| ✈ tyre pressure | | | | | | |
| --- | --- | --- | --- | --- | --- | --- |
| lb/sq in | 18 | 20 | 22 | 26 | 28 | 30 |
| kg/sq cm | 1.3 | 1.4 | 1.5 | 1.7 | 2 | 2.1 |

# U [oo]

**ugly** çirkin [cheerkeen]
**UK** İngiltere [eengeeltehreh]
**Ukraine** Ukrayna [ookrIna]
**ulcer** ülser [ewlser]
**umbrella** şemsiye [shemseeyeh]
**uncle** *(paternal)* amca [amja]
　*(maternal)* dayı [dI-uh]

**my uncle** amcam; dayım
**uncomfortable** rahatsız [-suhz]
**unconscious** baygın [bIguhn]
**under** altında [altuhnda]
  *(less than)* ...-den az
  **under the table** masanın altında
**underdone** az pişmiş [...peeshmeesh]
**underground** *(rail)* metro

> ✈ There are new lines in Istanbul, Izmir and Ankara.

**understand: I understand** anlıyorum [anluhyoroom]
  **I don't understand** anlamıyorum [anlamuh-yoroom ]
  **do you understand?** anlıyor musunuz? [anluh-yor...]
**unfriendly** soğuk [so-ook]
**unhappy** mutsuz
**United States** Amerika
**university** üniversite [ewneeverseeteh]
**unleaded** kurşunsuz benzin [koorshoonsooz...]
**unlock** kilidi açmak [...achmak]
**until** ...-a/-e kadar ⎡vh⎤ [...-eh...]
  **until next year** gelecek yıla kadar [gelejek yuhla...]
  **not until Tuesday** Salıya kadar olmaz [saluhya...]
**unusual** alışılmamış [aluhshuhl-mamuhsh]
**up** yukarı [yookaruh]
  **he's not up yet** daha kalkmadı [...kalkmaduh]
  **what's up?** ne oldu? [neh...]
  **up there** tepede [tepedeh]
**upmarket** *(hotel etc)* seçkin [sechkeen]
**upside-down** baş aşağı [bash asha-uh]
**upstairs** üst katta [ewst...]

**urgent** acil [ajeel]
**us** bizi
  **it's us** biziz
  **can you help us?** bize yardım eder misiniz?
  [beezeh yarduhm…]
  **for us** bizim için […eecheen]
  **with us** bizimle [-leh]
  **who? – us** kimleri? – bizi
**USA** ABD [ah-beh-deh]
**use: can I use…?** …-i kullanabilir miyim?
**useful** yararlı [yararluh]
**usual** olağan [ola-an]
  **as usual** her zamanki gibi
**usually** genellikle [geneleekleh]
**U-turn** U dönüşü [oo durnewshew]

# V [veh]

**vacate** *(room)* boşaltmak [boshaltmak]
**vacation** tatil [tateel]
**vaccination** aşılama [ashuhlama]
**vacuum flask** termos
**valid** gerçerli [gecherlee]
  **how long is it valid for?** ne zamana kadar
  geçerli? [neh…]
**valley** vadi
**valuable** değerli [deh-erlee]
  **will you look after my valuables?** değerli
  eşyalarıma bakabilir misiniz? […eshyalaruhma…]
**value** değer [deh-er]
**van** panel van
**vanilla** vanilya
**varış** arrival
**veal** dana eti
**vegetables** sebze [sebzeh]

**vegetarian** etyemez
**ventilator** vantilatör [vanteelatur]
**very** çok [chok]
  **very much** çok
**via** üzerinden [ewzereenden]
**video** video
**video camera** video kamera
**village** köy [kuh-ee]
**vine** asma
**vinegar** sirke [seerkeh]
**vineyard** bağ [ba]
**violent** saldırgan [salduhrgan]
**virus** *(medical, computer)* virüs [veerews]
**visit** *(verb)* ziyaret etmek
**vodka** votka
**voice** ses
**voltage** voltaj [voltaJ]

✈ 220v as in the UK.

# W [dahbuhl yoo]

**waist** bel
**wait: will we have to wait long?** çok beklememiz
  gerekecek mi? [chok…gerekejek…]
  **wait for me** beni bekleyin […bekleh-yeen]
  **I'm waiting for a friend/my wife** bir
  arkadaşımı/eşimi bekliyorum
  […arkadashuhmuh /esheemee…]
**waiter** garson
  **waiter!** bakar mısınız? […muhsuhnuhz]
**waitress** garson kız […kuhz]
**wake: will you wake me up at 7.30?** beni
  7.30'da uyandırır mısınız? […yedee boochookta
  ooyanduhruhr muhsuhnuhz]

**Wales** Galler

**walk: can we walk there?** oraya yayan gidilebilir
  mi? [ora-ya ya-yan...]

**walking shoes** yürüyüş ayakkabıları [yewrewyewsh
  a-yakkabuhlaruh]

**wall** duvar

**wallet** cüzdan [jewzdan]

**want: I want a...** bir...istiyorum

  **I want to talk to...** ...ile konuşmak istiyorum
    [...eeleh konooshmak...]

  **what do you want?** ne istiyorsunuz? [neh...]

  **I don't want to** istemiyorum

  **he/she wants to...** ...-mak istiyor

  **he/she doesn't want to...** ...-mak istemiyor

**war** savaş [savash]

**warm** sıcak [suhjak]

**warning** uyarı [ooyaruh]

**was**

> The past tense of the verb 'to be' is formed by
> adding these endings vh.
>
>   **I was** ...-dim
>   **you were** ...-diniz
>   *(familiar)* ...-din
>   **he/she/it was** ...-di
>   **we were** ...-dik
>   **you were** *(plural)* ...-diniz
>   **they were** ...-diler
>
>   **I was in my room** odamdaydım
>   **it was difficult** zordu

**wash: can you wash these for me?** bunları
  benim için yıkayabilir misiniz? [boonlaruh...
  eecheen yuhka-yabeeleer...]

**washbasin** lavabo

**washer** *(for nut)* rondela

**washing machine** çamaşır makinesi [chama-shuhr …]

**washing powder** deterjan [deterJan]

**wasp** yabanarısı [yabanaruhsuh]

**watch** *(wristwatch)* kol saati […sahtee]

**will you watch my bags for me?** bavullarıma göz kulak olur musunuz? [bavool-laruhma gurz…]

**watch out!** dikkat et!

**water** su

**can I have some water?** biraz su verir misiniz?

**hot and cold running water** sıcak ve soğuk musluk suyu [suhjak veh so-ook…]

> ✈ Tap water is safe to drink in most parts of Turkey but tends to be heavily chlorinated; follow the example of the locals, most of whom nowadays drink only bottled water.

**water-pipe** *(to smoke)* nargile [nargeeleh]

**waterfall** şelale [shelaleh]

**waterproof** su geçirmez […gecheermez]

**waterskiing** su kayağı […ka-ya-uh]

**way: it's this way** bu taraftan

**it's that way** o taraftan

**do it this way** şöyle yap [shuryleh…]

**no way!** katiyen olmaz!

**is it on the way to…?** …yolunda mı? […muh]

**could you tell me the way to get to…?** …-e nereden gidilir? […-eh…]

*see* **where** *for answers*

**we** biz

> If no special emphasis is needed Turkish omits the word for 'we'.
> **we're leaving tomorrow** yarın gidiyoruz

**weak** *(person)* zayıf [za-yuhf]
  *(drink)* hafif
**weather** hava
  **what filthy weather!** ne berbat hava! [neh…]
  **what's the weather forecast?** bugün için hava
  raporu nedir? [boogewn eecheen…]

> *YOU MAY THEN HEAR*
> hava güzel olacakmış *it's supposed to be fine*
> hava açacak *it'll clear up*
> yağmur yağayakmış *it's supposed to rain*

**website** web sitesi […seetesee]
**Wednesday** Çarşamba [charshamba]
**week** hafta
  **a week today** haftaya bugün [-ya boogewn]
  **a week tomorrow** haftaya yarın […yaruhn]
**weekend: at the weekend** hafta sonunda
**weight** ağırlık [a-uhrluhk]
**welcome: you're welcome** bir şey değil […shay
  deh-eel]
**well: I'm not feeling well** kendimi iyi
  hissetmiyorum
  **he's not well** iyi değil […deh-eel]
  **how are you? – very well, thanks** nasılsınız?
  – çok iyiyim, teşekkür ederim [nasuhlsuhnuhz
  – chok…teshekkewr…]
  **you speak English very well** çok iyi İngilizce
  konuşuyorsunuz […eengeeleezjeh konooshoo-
  yorsoonooz]
  **well, well!** hayret! [hI-ret]
**Welsh** Gallerli
**were** *go to* **was**
**west** batı [batuh]
**West Indies** Batı Hint Adaları [batuh…adalaruh]
**wet** ıslak [uhslak]

**wet suit** dalgıç giysisi [dalguhch…]
**what?** ne? [neh]
  **what is that?** o nedir? […nedeer]
  **what for?** niçin? [neecheen]
  **what train?** ne treni? [neh…]
**wheel** tekerlek
**wheel chair** tekerlekli iskemle […eeskemleh]
**when?** ne zaman? [neh…]
  **when is breakfast?** kahvaltı ne zaman?
  [kahvaltuh…]
  **when we arrived** buraya geldiğimiz*de* [boora-ya
  geldee-eemeezdeh]
**where?** nerede? [neredeh]
  **where is…?** …nerede?

> *YOU MAY THEN HEAR*
> aşağıda *down there*
> düz gidin *straight on*
> geri git *go back*
> ikinci sapağa kadar git *go as far as the second
> crossroads*
> sağa sapın *turn right*
> sola sapın *turn left*
> …yı geç *go past …*

**which?** hangi?
  **which one?** hangisi?

> *YOU MAY THEN HEAR*
> bu *this one*
> o *that one*
> oradaki *that one over there*

**whisky** viski
**white** beyaz [bay-az]
**white wine** beyaz şarap [bay-az sharap]
**who?** kim?

**whose: whose is this?** bu kimin?

> YOU MAY THEN HEAR
> benim *it's mine*
> onun *it's his/hers*
> senin *it's yours*

**why?** niçin? [neecheen]
   **why not?** niçin?

> YOU MAY THEN HEAR
> çünkü *because*

   **ok, why not?** tamam, neden olmasın?
   olmasuhn]
**wide** geniş [geneesh]
**wife** karı [karuh]
   **my wife** karım [karuhm]
**will: when will it be finished?** ne zaman hazır
   olacak? [neh…hazuhr olajak]
   **will you do it?** bunu siz yapar mısınız?
   […muhsuhnuhz]
   **I'll come back** geri döneceğim […durnejeh-eem]
**win** kazanmak
   **who won?** kim kazandı? […kazanduh]
**wind** *(noun)* rüzgar [rewzgar]
**window** pencere [penjereh]
   *(of shop)* vitrin
   **near the window** pencerenin yanında
   [penjereneen yanuhnda]
**window seat** pencere yanı [penjereh yanuh]
**windscreen** araba ön camı […urn jamuh]
**windscreen wipers** silecekler [seelejekler]
**windy** rüzgarlı [rewzgarluh]
**wine** şarap [sharap]
   **can I see the wine list?** şarap listesini görebilir
   miyim? […gurrebeeleer…]

✈ Wine is plentiful and cheap in Turkey; Villa
Doluca [dolooja] is by far the best of the dry
reds; Doluca and Buzbağ [boozba], and Kulüp
[koolewp] and Yakut are full-bodied; for dry
whites try Doluca, Kulüp and Kavak.

**a bottle of house white/red** kırmızı/beyaz bir
şişe müessese şarabı [kuhrmuhzuh/bay-az beer
sheseh meweh-seseh sharabuh]
  **two red wines** iki kırmızı şarap [...kuhrmuhzuh...]
**winter** kış [kuhsh]
**wire** tel
  *(electric)* kablo
**wish: best wishes** iyi dilekler
  *(on card)* en iyi dileklerimle [...deeleklereemleh]
**with** ile [eeleh], -le vh
  **with me** benimle [beneemleh]
  **with a balcony** balkonlu
  **with ice** buzlu
  **with her** onunla
**without** -siz (or -sız, -suz, -süz vh )
  **without sugar** şekersiz [shekerseez]
  **without ice** buzsuz
**witness** tanık [tanuhk]
**woman** kadın [kaduhn]
  **women** kadınlar [-lar]
**wonderful** harikulade [hareekooladeh]
**won't: it won't start** çalışmıyor [chaluhsh-
muhyor]
**wood** tahta
  *(forest)* orman
**wool** yün [yewn]
**word** kelime [keleemeh]
  **I don't know that word** o kelimeyi bilmiyorum
**work** *(verb)* çalışmak [chaluhshmak]

**I work in London** Londra'da çalışıyorum
[...chaluhshuhyoroom]
 **it's not working** çalışmıyor [chaluhsh-muhyor]
**work permit** çalışma izni [chaluhshma...]
**world** dünya [dewnya]
 **the whole world** tüm dünya [tewm...]
**worry: I'm worried about him** onun için
 endişeliyim [...eecheen endeesheh-leeyeem]
 **don't worry** merak etme [...etmeh]
**worry beads** tespih [tespeeн]
**worse: it's worse** daha kötü [...kurtew]
**worst** en kötü [...kurtew]
**worth: it's not worth that much** o kadar
 etmez
**worthwhile: is it worthwhile going to...?**
 ...'a gitmeye değer mi? [...geetmeh-yeh deh-
 ehr...]
**wow!** vay be! [vɪ beh]
**wrap: could you wrap it up?** paket yapar mısınız?
 [...muhsuhnuhz]
**wrench** (tool) İngiliz anahtarı [eengeeleez
 анаНtaruh]
**wrist** bilek
**write** yazmak
 **could you write it down?** yazar mısınız?
 [...muhsuhnuhz]
 **I'll write to you** size yazarım [seezeh
 yazaruhm]
**writing paper** yazı kağıdı [yazuh ka-uhduh]
**wrong** yanlış [yanluhsh]
 **I think the bill's wrong** hesap yanlış, sanıyorum
 [heh-sap...sanuhyoroom]
 **there's something wrong with...** ...-de bir
 sorun var
 **you're wrong** yanlışınız var [-luhshuhnuhz...]

that's the wrong key bu yanlış anahtar
sorry, wrong number affedersiniz, yanlış numara
I got the wrong train yanlış trene bindim [...treneh beendeem]
what's wrong? ne oldu? [neh...]

# Y [yeh]

yacht yat
**yangın çıkışı** fire exit
yard

> ✈ 1 yard = 91.44 cms = 0.91 m

**yarım pansiyon** half board
**yasak** forbidden
**yavaş git** slow
year yıl [yuhl]
  this year bu yıl
  next year gelecek yıl [gelejek...]
yellow sarı [saruh]
yellow pages altın rehber [altuhn reнber]
yes evet
yesterday dün [dewn]
  the day before yesterday evvelsi gün [...gewn]
  yesterday morning dün sabah [...sabaн]
  yesterday afternoon dün öğleden sonra [...ur-leden...]
yet: is it ready yet? hazır mı? [hazuhr muh]
  not yet daha değil
yoghurt yoğurt [yo-oort]
yoghurt drink ayran [Iran]
**yol ver** give way
you siz
  (familiar singular) sen

If no special emphasis is needed Turkish omits the word for 'you'.

> **where are you going?**
> nereye gidiyorsunuz?

Remember only to use the 'sen' form with people who are very close friends or if talking to children. Young people will use this form amongst themselves.

> **I don't understand you** sizi/seni
>   anlamıyorum
> **I'll send it to you** onu size/sana
>   göndereceğim
> **with you** sizinle/seninle
> **is that you?** bu siz misiniz?/bu sen misin?
> **who? – you** kim? – siz/sen

**young** genç [gench]
**your**

Add -iniz (or -ınız, -unuz, -ünüz ⟨vh⟩). Just add -niz, -nız etc if a word already ends in a vowel.

> **name** ad
> **your name** adınız
> **drink** içki
> **your drink** içkiniz

For emphasis put sizin in front as well:

> **it's _your_ drink** o sizin içkiniz

If you are using the familiar form for 'you', then the endings are -in (or -ın, -un, -ün ⟨vh⟩). Or just add -n if a word already ends in a vowel.

> **face** yüz
> **your face** yüzün

For emphasis put senin in front as well.

> **it's _your_ drink** o senin içkin

**yours** sizinki
  *(familiar singular)* seninki
  **is this yours?** bu sizinki mi?
**youth hostel** gençlik hosteli [genchleek hostelee]
**YTL** Yeni Türk Lirası, new Turkish Lira

> ✈ This new currency unit is equivalent to one
>   million old lira. It is divided into 100 **kuruş**.
>   In conversation, Turks are still likely to switch
>   between the new and the old systems, which
>   can be confusing when a price suddenly
>   changes from, say, 2 liras to 2 million liras.

# Z [zeh]

**zero** sıfır [suhfuhr]
  **below zero** sıfırın altında [-ruhn altuhnda]
**zip** fermuar
  **could you put a new zip on?** yeni fermuar
  takabilir misiniz?
**zoo** hayvanat bahçesi [hI-vanat baHchesee]

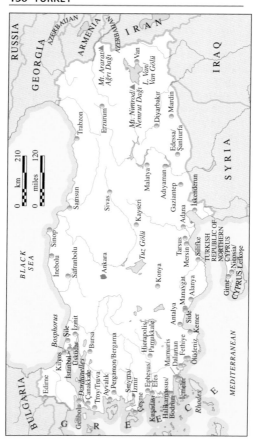

## The Turkish Alphabet

Letters in brackets don't actually exist in Turkish, but are useful for spelling English names.

| | |
|---|---|
| a | ah |
| b | beh |
| c | jeh |
| ç | cheh |
| d | deh |
| e | eh |
| f | feh |
| g | geh |
| ğ | yoomooshak geh |
| h | ha |
| ı | uh |
| i | ee |
| j | Jeh |
| k | keh |
| l | leh |
| m | meh |
| n | neh |
| o | o |
| ö | ur |
| p | peh |
| (q) | kew |
| r | reh |
| s | seh |
| ş | sheh |
| t | teh |
| u | oo |
| ü | ew |
| v | veh |
| (w) | dahbuhl yoo |
| (x) | eeks |
| y | yeh |
| z | zeh |

## Numbers

| | |
|---|---|
| 0 | sıfır [suhfuhr] |
| 1 | bir |
| 2 | iki |
| 3 | üç [ewch] |
| 4 | dört [durt] |
| 5 | beş [besh] |
| 6 | altı [altuh] |
| 7 | yedi |
| 8 | sekiz |
| 9 | dokuz |
| 10 | on |
| 11 | on bir |
| 12 | on iki |
| 13 | on üç |
| 14 | on dört |
| 15 | on beş |
| 16 | on altı |
| 17 | on yedi |
| 18 | on sekiz |
| 19 | on dokuz |
| 20 | yirmi |
| 21 | yirmi bir |
| 22 | yirmi iki |
| 30 | otuz |
| 31 | otuz bir |
| 32 | otuz iki |
| 40 | kırk [kuhrk] |
| 50 | elli |
| 60 | altmış [altmuhsh] |
| 70 | yetmiş [yetmeesh] |
| 80 | seksen |
| 90 | doksan |
| 100 | yüz [yewz] |
| 101 | yüz bir |

| | |
|---|---|
| 102 | yüz iki |
| 200 | iki yüz |
| 300 | üç yüz |
| 455 | dört yüz elli beş |
| 1,000 | bin |
| 1,550 | bin beş yüz elli |
| 2,000 | iki bin |
| 10,000 | on bin |
| 1,000,000 | bir milyon |
| 1,000,000,000 | bir milyar |

## Ordinals

| | |
|---|---|
| 1st | birinci [beereenjee] |
| 2nd | ikinci [eekeenjee] |
| 3rd | üçüncü [ewchewnjew] |
| 4th | dördüncü [durdewnjew] |
| 5th | beşinci [besheenjee] |
| 6th | altıncı [altuhnjuh] |
| 7th | yedinci [yedeenjee] |
| 8th | sekizinci [sekeezeenjee] |
| 9th | dokuzuncu [dokoozoonjoo] |
| 10th | onuncu [onoonjoo] |